DIREITO E POLÍTICA EM DELEUZE

LUCAS RUÍZ BALCONI

DIREITO E POLÍTICA EM DELEUZE

DIREÇÃO EDITORIAL:
Marlos Aurélio

CONSELHO EDITORIAL:
Fábio E. R. Silva
Márcio Fabri dos Anjos
Mauro Vilela

COORDENADOR DA SÉRIE:
Alysson Leandro Mascaro

COPIDESQUE E REVISÃO:
Luiz Filipe Armani
Pedro Paulo Rolim Assunção

DIAGRAMAÇÃO E CAPA:
Tatiana Alleoni Crivellari

ILUSTRAÇÃO DA CAPA:
Sentido existencial
Gravura de Alysson Leandro Mascaro

Série Direito & Crítica

Todos os direitos em língua portuguesa, para o Brasil,
reservados à Editora Ideias & Letras, 2018.

1ª impressão

Rua Barão de Itapetininga, 274
República - São Paulo /SP
Cep: 01042-000 – (11) 3862-4831
Televendas: 0800 777 6004
vendas@ideiaseletras.com.br
www.ideiaseletras.com.br

Dados Internacionais de Catalogação na Publicação (CIP)
(Câmara Brasileira do Livro, SP, Brasil)

Direito e política em Deleuze/Lucas Ruíz Balconi
São Paulo: Ideias & Letras, 2018.
Bibliografia.
ISBN 978-85-5580-037-5
1. Deleuze, Gilles, 1925-1995 2. Filosofia do direito 3. Filosofia política 4.Minorias 5. O Estado 6. Prática política I. Mascaro, Alysson Leandro II. Título.III. Série.

18-12535   CDU-34:32

Índice para catálogo sistemático:
1. Pensamento deleuziano: Direito e política 34:32

SUMÁRIO

PREFÁCIO 7
APRESENTAÇÃO 13
INTRODUÇÃO 17
Geofilosofia Deleuziana 17
Cartografia da Filosofia do direito 20

1. CARTOGRAFIA DO PENSAMENTO DELEUZIANO: DA FILOSOFIA SISTÊMICA À MÁQUINA DE GUERRA 27

1.1. Filosofia da diferença: ontologia e multiplicidade 36
1.2. Filosofia da diferença: atual, virtual e perceptível 45
1.3. Substância, afectos e forma subjetividade 54

2. DELEUZE, FILÓSOFO DAS CONTRADIÇÕES SOCIAIS E DESEJANTES 65

2.1. Formas sociais e forma-Estado 77
2.2. Teoria política em Deleuze: a forma-Estado 90

3. O "EFEITO DELEUZE" PARA
A FILOSOFIA DO DIREITO   105
3.1. A Lei como processo de produção
e o desenvolvimento da subjetividade jurídica   115
3.2. Deleuze e a crítica à forma jurídica   127

4. SUPERAÇÃO DA CRÍTICA
FREUDO-MARXISTA PROPOSTA POR
DELEUZE: RESISTÊNCIA E CRIAÇÃO   137

REFERÊNCIAS   145

PREFÁCIO

A afirmação de Michel Foucault de que, futuramente, o século XX seria conhecido como século deleuziano, em que pese seu caráter polêmico, dá mostras de se referir a um pensador incontornável. Esquadrinhado nas últimas décadas pela filosofia, pela psicanálise e mesmo pela política, Gilles Deleuze, no entanto, é pouco trabalhado pela reflexão jurídica. Esta obra de Lucas Ruíz Balconi, que ora se publica, é valiosa aos estudos de nosso tempo, no dúplice aspecto de tratar tanto sobre o direito em Deleuze quanto sobre as implicações de Deleuze para o direito.

O insigne percurso do pensamento deleuziano tem na noção de *diferença* uma ruptura em relação ao milenar trajeto filosófico da identidade. De Platão a Kant, o ser foi pensado a partir de variadas modalidades de representação, pelas quais se buscou estabelecer uma união identitária e reducionista entre o ontológico e sua intelecção. Neste dualismo que é o resultado prático de um aprisionamento pela unidade, há um ser e há uma verdade sobre o ser. A correspondência entre ambas se levantaria como a razão, a ciência, o ético. Contra isso, e relendo a filosofia contemporânea a partir de autores incômodos, a exemplo de Nietzsche, Deleuze investe na diferença como modo de abrir as divergências, simulacros e potenciais da *multiplicidade*.

Revela-se um *devir* necessário a partir do pensamento deleuziano, fazendo com que a diferença seja pensada como um fluxo processual mais amplo que a pretensa totalização da unidade do ser consigo próprio. Exatamente porque maior do que aquilo que é imediatamente dado, a realidade é também virtual, um conjunto de possibilidades, não simplesmente enquanto pensamento sobre suas virtualidades, mas como maquinário abstrato no qual os indivíduos gestam no nível da consciência as relações e composições entre as partes. Além disso, a diferença como processo da multiplicidade, que toma a realidade a partir de sua virtualidade, revela-se também num plano de consistência, no qual a concretude não é apenas uma soma de órgãos dando uma unidade. Para além da substância, da forma e do sujeito, a consistência agrupa e condensa heterogeneidades, vazios, distâncias, velocidades e afetos. Assim, o ser acaba por apresentar-se de modo rizomático, informe, aberto, atravessado pela multiplicidade, escapando das determinações e delineado sem fixidez, como ondas ou vibrações.

Os corpos passam a ser tomados, por Deleuze, não mais a partir de uma mera soma de presenças e ausências, um corpo científico, mas sim como um corpo de afetos, gerando uma ética no sentido de Espinosa. Disto, propõe uma *etologia* como estudo dos afetos dos corpos, que circulam e se transformam por meio de agenciamentos. Neste campo, abre-se a questão da subjetividade no pensamento deleuziano. As indeterminações, os potenciais e as virtualidades do ser em fluxo só podem ser pensados no solo de uma materialidade de seus afetos, velocidades, vazios e encontros. Daí decorre que é inexorável pensar as individuações a partir do processo de socialização, e tal se dá em sociabilidades capitalistas.

Com *O anti-Édipo* e em *Mil platôs*, escritos em conjunto com Félix Guattari, erige-se em Gilles Deleuze o principal de sua crítica da subjetividade no capitalismo. Tais obras sobre capitalismo e esquizofrenia atrelam a *produção do desejo* aos modos sociais de produção. O desejo é deslocado de sua tradicional posição recôndita no sujeito para ser pensado como fundante da infraestrutura: a produção social é a produção desejante em condições determinadas. O impacto na própria compreensão da subjetividade é pleno. A dominação deixa de ser pensada apenas como imposição da força, da autoridade ou do direito. Há, na verdade, um processo de assujeitamento, e este é conduzido pela captura do desejo. Assim, em casos como o do fascismo, há, ainda que por forma de uma perversão, o desejo produzindo sociabilidade.

Alcançando agora o plano da política, o pensamento deleuziano será feito mediante uma mescla entre elementos marxianos e nietzschianos. Lucas Ruíz Balconi, neste livro, emparelha seu ponto de vista com o de Isabelle Garo ao entender que Deleuze, bem como Althusser e Foucault, erigem suas leituras políticas a partir de uma crítica da própria situação do capitalismo da segunda metade do século XX, no pós-stalinismo, vislumbrando, então, que as lutas das classes e dos movimentos sociais impõem transformações que não se esgotam na dinâmica em torno apenas da tomada do poder estatal. A reflexão deleuziana compreende o Estado para além do modelo liberal, de competências formais assentadas normativamente. A movimentação social é também uma movimentação política estatal para além de qualquer limitação, desterritorializada, seguindo o motor do próprio capital, cuja lógica de acumulação não encontra barreiras ou fronteiras. Está em cena, aqui, a derrocada do modelo político-econômico keynesiano, de bem-estar social. Deleuze pensa o capitalismo e o Estado no estertor do fordismo e na antessala do pós-fordismo.

Por razão de um processo político de dominação que, tal qual o econômico, não encontra formas territorializadas fixas nem tampouco contenções tradicionais suficientes, apontam Deleuze e Guattari para uma transformação social que seja, ao mesmo tempo, o combate ao capitalismo e à microfísica do poder, ao fascismo, ao falo, ao corpo etc. Este processo múltiplo de rupturas e combates envolve ainda, na proposta deleuziana, a *Esquizoanálise*. Para além da psicanálise – calcada na relação entre família e neurose –, é preciso um amplo trabalho fundado na relação entre capitalismo e esquizofrenia. A política burocratizada, partidos, representações institucionais do capital, sindicatos, castrações e repressões variadas, é neste amplo campo que deve operar a esquizoanálise, lidando, diretamente, com o desejo como produção social.

A reflexão de Lucas Ruíz Balconi desagua nas extrações de consequências da filosofia deleuziana para o campo do direito. Apontando a insuficiência de uma reflexão do direito diretamente no texto de Deleuze – seus poucos motivos jurídicos são laterais –, o propósito de Balconi será o de intermediar o conjunto das ideias maiores de Deleuze com o campo jusfilosófico crítico. Assim, diferença, rizoma, desejo, esquizoanálise, dentre outros, se prestarão a compreender uma luta social que ultrapassa a forma jurídica. Dado que o ser se esparrama para além de sua identidade racional, nem o direito é sua declaração institucional como, também, nem a luta se contém em intermediações jurídicas. Escapando da política como distribuição de direitos a todos, avança-se com Deleuze para fora da ideia de unidade de um só mundo, no qual as lutas das mulheres, dos homossexuais ou dos negros, por exemplo, tivessem que se formalizar a partir do – ou compartilhando o – mesmo já dado do homem heterossexual branco. Aqui estão os *mil platôs* como infinitas possibilidades a conduzirem as lutas a uma fronteira pós-moderna de explosão do capitalismo, da política estatal e dos direitos. O desejo como produção ao mesmo tempo entorna o campo jurídico quanto explode o universo da sociabilidade presente.

A apresentação balconiana do pensamento de Deleuze se encaminha por situar a reflexão jurídica deste para além de qualquer forma de juspositivismo, dialogando aqui com minha proposição de três caminhos da filosofia do direito contemporânea. Balconi então inscreve Deleuze, por não trabalhar diretamente com as ferramentas da crítica marxista do direito e do Estado – forma de subjetividade jurídica, forma política estatal, derivação de formas sociais a partir da forma-valor –, como pensador do caminho filosófico do não juspositivismo, na mesma múltipla estrada de Nietzsche e Foucault, em que pesem as constantes apropriações parciais deleuzianas do pensamento de Marx, e em que pese, ainda, o capitalismo como pano de fundo de toda sua reflexão.

Esta obra é produto do pensamento vívido de um jovem intelectual que surge na linha de frente da reflexão crítica do presente. Tenho a alegria de acompanhar a trajetória de Lucas Ruíz Balconi desde quando foi meu aluno em cursos de pós-graduação na USP. Convivendo comigo há muito, sendo orientado por mim tanto em seu mestrado – que deu origem ao presente livro – quanto em seu doutorado, atesto suas ímpares qualidades pessoais, de ideias e pesquisas. Destacado professor universitário e advogado no Paraná, Balconi apresenta um valioso itinerário de pensamento crítico em favor de nosso povo e da transformação social. Reunindo predicados intelectuais, de pesquisa e de docência, desponta como pensador importante e decisivo de nosso tempo.

Pensar Deleuze para o campo da política e do direito é investigar a sociedade para além dos quadrantes que sua reprodução buscou estabelecer como definição de si própria. Este mergulho na produção do desejo é também o avançar da crítica em plexos ainda mais fundos, para a forja de uma nova sociabilidade. Tem o leitor, em mãos, uma reflexão aguda para o pensamento e a ação.

São Paulo, 2018.

Alysson Leandro Mascaro
Professor da Faculdade de Direito da USP

APRESENTAÇÃO

Inicialmente, é importante salientar que este livro é resultado de meus estudos e pesquisas empreendidos no programa de mestrado em Direito Político e Econômico da Universidade Presbiteriana Mackenzie, com honrosa e gratificante orientação do professor, doutor e livre-docente Alysson Leandro Barbate Mascaro. Assim, primeiramente, gostaria de agradecê-lo pela orientação, pelo incentivo, pela paciência e pela convivência intelectual estimulante, sem os quais seria impossível este trabalho. Meu eterno agradecimento de orientando e admirador.

Para o leitor, evidencio que este livro possui uma perspectiva teórica crítica notadamente pós-estruturalista que, dialogando com o marxismo, visa oferecer um panorama geral da filosofia de Gilles Deleuze para, posteriormente, articular a vasta gama de conceitos (re)interpretados ou criados pelo autor à teoria crítica contemporânea do Estado e do direito. Tal projeto é ambicioso pois não pode abrir mão da teoria abstrata mesmo em tempo de extrema fragmentação teórica.

Neste empreendimento teórico pretendi, desde o início, articular a multiplicidade de enfoques da complexa e sistemática filosofia de Deleuze, pois entendo que tal pensamento é um instrumento crítico importante para se compreender de maneira aprofundada as formas sociais do capital.

A problemática principal levantada ao longo da pesquisa é: como a racionalidade e a subjetividade são cooptadas e rearticuladas pelas instituições? Nesse contexto de exploração teórico--crítica, a contribuição de Deleuze vem para demonstrar de maneira sistematizada e detalhada como o indivíduo é constituído na sociabilidade capitalista e, desta forma, como a racionalidade e a subjetividade são determinadas pelas instituições que, por sua vez, são derivadas do modo de produção. Por conseguinte, utiliza-se da potência teórica de Deleuze para determinar os contornos da crítica política e jurídica.

Assim, a relevância desta pesquisa está em buscar o limite das implicações conceituais desenvolvidas por Deleuze e em suas parcerias filosóficas, em especial com Félix Guattari, para desconstruir não apenas a base do pensamento político e jurídico moderno, como também desnudar a cooptação dos sujeitos pela forma da sociabilidade capitalista.

O livro está dividido em quatro grandes capítulos que devem ser vistos como conexos e consecutivos, pois o recorte estabelecido só faz sentido se relacionado à percepção da estrutura que o envolve. Todavia, importa esclarecer que não foi possível exaurir todo o conteúdo, nem dos conceitos filosóficos do autor, muito menos de suas consequências críticas, tanto pela complexidade da teoria de Deleuze e suas consequências teóricas, quanto pelas possibilidades materiais da vida acadêmica.

No início do livro foi feita uma abordagem resumida daquilo que podemos chamar de primeira fase deleuziana, na qual o pensador irá estabelecer diversas conexões filosóficas para criar um sistema de pensamento capaz de reconstruir as condições de pensar a Diferença, o Sujeito e o Imanente. Esta fase começa, *grosso modo*, com o lançamento de seu primeiro livro em 1953,

Empirismo e Subjetividade, que tem como finalidade a crítica da razão e das categorias lógicas do pensar que são sustentadas pela filosofia da razão moderna (identidade, unidade, repetição).

Em seguida, serão reunidas as críticas deleuzianas à forma social e à forma-Estado, tendo em vista que, para o autor, a crítica da razão abre espaço para uma análise mais concreta da sociabilidade, visto que o sujeito deixa de ser cognoscente e passa a ser um sujeito da prática social. A crítica da razão se transforma em crítica das formas de sociabilidade e de suas instituições, em especial a forma-Estado. Esta será, também, a segunda fase do autor que, em essência, é desenvolvida em conjunto com Félix Guattari.

Por fim, o pensamento crítico deleuziano será articulado com a teoria crítica contemporânea do direito para demonstrar como se dá a formação da subjetividade jurídica.

Espero que o livro relate de forma rigorosa – porém acessível ao leitor não iniciado – a teoria crítica do pós-estruturalista francês Gilles Deleuze, desde suas principais conceituações filosóficas, até suas consequências para análise crítica das instituições e do sujeito na sociedade capitalista. Por conseguinte, assumo o ônus de uma pesquisa que está, certamente, incompleta pela extensão e complexidade do objeto escolhido. Não obstante, seria instigante imaginar que este livro possa despertar em outros autores o interesse em aprofundar e complementar esta singela pesquisa.

Registro que, para concluir este trabalho, contei com a ajuda de diversos amigos e colegas. Impossível seria citar todos, ainda que seja tão real e verdadeiro o meu enorme agradecimento. Contudo, não posso deixar de citar alguns que tiveram, direta ou indiretamente, uma maior participação neste processo.

Assim, agradeço aos professores doutores Silvio Luís de Almeida e Camilo Onoda Caldas pelas elucidações que ajudaram a desenvolver este trabalho, bem como pela generosidade e disposição. Aos amigos e companheiros Luiz Ismael, Volnei Rosalen, Fábio Benfatti, bem como os demais colegas de mestrado, pela presença afetiva que, além de facilitar o cotidiano, me auxiliaram em momentos de dificuldade. A interação com todos foi muito importante para mim.

À amizade, generosidade e conselho dos colegas de pesquisa Pedro Davoglio, Jonathan Erkert, Luís Marçal, Letícia Garducci e demais membros do grupo de pesquisa do professor Alysson Mascaro. Também agradeço a Cristiane Alves e Renato Santiago pela ajuda eficiente e prática na hora da solução dos problemas administrativos e por terem sempre me auxiliado com tanta atenção e carinho. Agradeço profundamente à Editora Ideias & Letras e toda sua equipe. Institucionalmente, agradeço à CAPES pela bolsa de estudos concedida, bem como à Universidade Presbiteriana Mackenzie pela estrutura e apoio necessário.

Por derradeiro, agradeço e dedico este trabalho à minha família e à minha companheira Mariana Moreti pelo suporte, paciência e amor.

Destaco, também, que o esforço e o apoio coletivo instrumentalizaram este livro. Todavia, os pontos fracos deste trabalho recaem apenas sobre minha responsabilidade.

INTRODUÇÃO

Geofilosofia deleuziana

A teoria crítica de Deleuze à sociedade atual é áspera diante das grandes formas de repressões do Estado e do direito que geram uma fácil transposição para o autoritarismo. Foi em face do terror causado pelo nazismo e pelas grandes repressões dos movimentos sociais de sua época que Deleuze erige sua filosofia, tornando-a essencialmente política após o movimento social francês de maio de 1968, quando conclui sua tese de doutorado *Diferença e repetição*. Sua obra baseia-se no espaço político e visa à reabertura da incessante força da criatividade e do enfraquecimento das limitações institucionais.

Para Deleuze não há saída fácil da máquina de captura do capitalismo, é difícil a possibilidade de transgredir o desejo que deseja sua própria repressão. A luta política torna-se imperativa para evitar as repressões autoritárias do Estado e dos indivíduos, buscando uma nova forma de mundo, livre da opressão do capital e dos aparelhos de captura gerados e mantidos pelos aparatos estatais, chegando a uma sociedade pautada na liberdade real e criadora de estilos de vida diferentes para seus indivíduos.

Nesta linha, o filósofo salienta que a política não é um campo específico da atividade humana, muito menos uma criação genérica do desenvolvimento racional, mas sim um imperativo prático, que deve encaminhar a sociedade ao que ele denomina de "novo mundo". Para tanto, mister se faz um engajamento social em sua totalidade. São necessários agenciamentos complexos que passam obrigatoriamente por níveis micropolíticos, de subjetividade, de microformações que moldam o indivíduo em sua singularidade, sua postura, suas atitudes, percepções, rupturas, regimes de informações, entre outros. Deleuze encontra-se aqui com a filosofia política de Karl Marx, pois para ambos é inconcebível a separação do social e do político.

Após o impacto das manifestações de maio de 1968, Deleuze engajou-se em uma organização criada e coordenada por Foucault, o Grupo de Informações sobre as Prisões, conhecido como GIP. Este grupo se manifestou e se organizou de maneira completamente descentralizada, tendo por base um grupo autocoordenado em cada presídio diferente, sem que houvesse um líder definido. Deleuze imediatamente se encantou com este tipo de manifestação que conseguiu romper com todos os tipos de centralismo, de autoritarismo e de burocracia. "O GIP desenvolveu um dos únicos grupos de esquerda funcionando sem centralização... Foucault conseguiu não se comportar como um líder".[1]

Uma sociedade funciona muito mais sob um ponto de vista micropolítico e se define por suas linhas de fuga. Assim, o possível agente revolucionário para Deleuze são os próprios indivíduos, é a minoria que escapa das formas totalitárias de modos de vida, tornando-se nômades, escapando da centralização, furtando-se da totalidade. As minorias tomam o lugar do

---

1 DELEUZE, Gilles. Aula de 28 de janeiro de 1986. Universidade de Paris 8, arquivos sonoros da BNF (Biblioteca Nacional da França) apud DOSSE, François. *Os engajamentos políticos de Gilles Deleuze*. Revista História: Questões & Debates. Curitiba, n. 53, p. 151-170, jul./dez. Ed.: UFPR, 2010, p. 158.

proletariado de Marx, em vista das novas configurações do capitalismo contemporâneo, procurando enfrentá-lo em todas as suas novas vertentes, fugindo de todas as suas possibilidades de captura. Minoria é a oposição de maioria, mas não diz respeito apenas a entidades, a número de indivíduos, mas sim a processos de vida sociopolítica. A maioria tem a premissa de formar e defender um constante ou reduzido número de normas básicas de julgamento. Estes conceitos possuem uma direta relação com a identidade de domínio. A maioria busca a padronização dos indivíduos de uma determinada sociedade. São aqueles que direta ou indiretamente detêm o poder de repressão, de normalização. São, de maneira geral, os homens adultos, brancos e heterossexuais, são aqueles que ditam o que é normal/padrão, mesmo podendo ser ou não a minoria em termos de indivíduos.

A minoria por sua vez são todos os outros grupos que não formam a maioria, mas são submetidos à vontade dos opressores. A minoria, por conseguinte, é um processo de variação e deterioração do estilo de vida contra a maioria padrão. Esse processo é chamado por Deleuze de virtualização do mundo, do real. Este processo será feito de forma totalmente descentralizada e sem burocracia, assim como o GIP de 1970, e todos os cidadãos atuantes nas minorias deverão desenvolver seu próprio estilo de vida. A minoria é, em suma, um apelo a todas as formas diferentes do viver. Todavia, a fuga dos centros de padronização não é um caminho simples. As fugas e os movimentos micropolíticos não atingem seu Devir revolucionário se não repassarem pelas organizações macropolíticas e não permanecerem em seus segmentos, suas distribuições binárias de sexos, de classes, de partidos. "É por isso que os centros de poder se definem por aquilo que lhes escapa, pela sua impotência, muito mais do que por sua zona de potência. Em suma, o molecular, a microeconomia, a micropolítica, não se define no que lhe concerne pela pequenez de seus elementos, mas pela natureza de sua 'massa' – o fluxo de quanta, por sua diferença em relação à linha de segmentos molar".[2]

Assim, a tarefa da linha de fuga, dos novos estilos de vida, não se basta em fugir daquilo que é padrão, mas persistir na fuga de qualquer forma de poder, de autoridade, de normatização da vida. É um trabalho contínuo de ajustar os segmentos moleculares de acordo com a potência, esta tarefa implica mudanças de ritmo e de modos, mudanças que vão se fazendo, bem ou mal, mais do que uma onipotência, e sempre devem escapar de alguma coisa.[3]

Deste modo, o que se pretende é o estudo dos meios e das perspectivas de fortalecimento das singularidades, de fuga dos indivíduos do domínio político dos corpos e do desejo, de rompimento com a captura das subjetividades pelo capitalismo. Tal cruzada será instrumentalizada pela teoria crítica de Gilles Deleuze através da luta política da minoria. O direito político vê-se diante do dilema entre a eterna tutela biopolítica e o fortalecimento dos movimentos sociais.

Cartografia da filosofia do direito

Esta obra abordará o conceito de direito na vasta produção do filósofo contemporâneo Gilles Deleuze. Entretanto, deve ser, desde logo, observada a extensão do campo de conhecimento aqui pesquisado, tendo em vista a diversidade das construções filosóficas e teóricas elaboradas por Deleuze, bem como as divergentes possibilidades de reflexões sobre o direito feitas a partir do seu pensamento.

---

2   DELEUZE, Gilles; GUATTARI, Félix. *Mil platôs*: capitalismo e esquizofrenia. Volume 3. Tradução de Aurélio Guerra Neto, Ana Lúcia de Oliveira, Lúcia Cláudia Leão e Suely Rolnik. São Paulo: Editora 34, 2012, p. 96.
3   Ibid., p. 96.

A teoria do direito de Deleuze não é dogmática ou unitariamente fixa a apenas uma tradição filosófica e, ainda, sobre algumas modificações ao longo dos escritos do autor. Por isso, foi necessário delimitar as referências filosóficas do autor estudado para prevalecer uma linha de raciocínio paradigmática dentre as várias possíveis, que buscou o lado mais radical de Deleuze, aquele que vai além da crítica legalista e tenta superar tanto a territorialização da forma-Estado, como a captura da forma-Capital.

Como será demonstrado, Deleuze visualiza o direito como uma questão política e social, que perpassa pela constituição do sujeito derivado da produção e das relações sociais, bem como está estratificado ao lado do Aparelho Estatal. Para explicar este posicionamento Deleuze utiliza a *forma mística do Estado* de duas cabeças formulado por Dumézil[4] – a cabeça burocrática (rei-mago) e a cabeça jurista (sacerdote-jurista) – que procede em Um-Dois, uma dupla articulação, mas tal correlação não é necessária, os dois possuem formas e fundamentos divergentes.[5]

Neste passo, Deleuze transita pelas tradições filosóficas do estruturalismo, do pós-estruturalismo, da psicanálise e até do marxismo, ficando difícil a sua classificação. Desta maneira, cabe utilizar a cartografia da filosofia do direito formulada por Alysson Leandro Barbate Mascaro[6] que resume e divide a filosofia jurídica contemporânea em três grandes caminhos possíveis: o juspositivista, o não juspositivista e o crítico. Esta divisão é importante, pois consegue abranger as mais divergentes correntes de pensamento, analisando

---

4 Cf. Georges Dumézil (Paris, 4 de março de 1898 – Paris, 11 de outubro de 1986) foi um filólogo comparativo francês, mais conhecido por sua análise da soberania e poder na religião e sociedade proto-indo-europeias. Dumézil é considerado um dos maiores contribuintes para o estudo da mitografia, em particular sua elaboração da hipótese trifuncional de classe social. Para o autor a soberania política, ou dominação, possuía duas cabeças: a do rei-mago e a do sacerdote-jurista (ARVIDSSON, Stefan. 2006).
5 Cf. DELEUZE, Gilles; GUATTARI, Félix. *Mil platôs*: capitalismo e esquizofrenia. Volume 5. Tradução de Ana Lúcia de Oliveira e Luiz B. L. Orlandi. São Paulo: Editora 34, Editora 34, 2012, p. 12-25.
6 MASCARO, Alysson Leandro. *Filosofia do direito*. São Paulo: Atlas, 2010.

os critérios e lastreando questões homogêneas de cada pensamento, o que possibilita posicionar o pensamento do direito deleuziano em uma classificação mais fixa.

Assim, seguindo o doutrinador Mascaro, a análise de uma determinada tradição comum à qual se filiam as filosofias do direito, ditas contemporâneas, observando aquilo que nelas há de hegemônico, pode se perceber sem dificuldade que elas derivam de três eixos. Primeiro, uma certa matriz legalista, de aceitação do direito e das instituições políticas e jurídicas, que se poderia chamar de visão estatal, formalista, liberal e, em sentido amplo, juspositivista,[7] as quais derivam de uma raiz deontológica e do pensamento de Emmanuel Kant.

Outro caminho que percorre a filosofia do direito contemporânea reside na perspectiva não formalista, não liberal, e que se encaminha a uma percepção realista do fenômeno jurídico. Deste passo, tal caminho é mais heterogêneo que os demais, pois trata-se de um campo lastreado pela negação, visto que não é um entendimento juspositivista e nem crítico,[8] mas baseado, em sentido lato, na análise do poder. Foucault, por exemplo, evidencia que os mecanismos de disciplina foram paulatinamente integrados a estratégias microfísicas de normalização das condutas e mecanismos de segurança. Ainda, mais recentemente, como será demonstrado nessa obra, Deleuze[9] e Agamben,[10] que trabalham com os dispositivos de sujeição biopolítica nas sociedades de controle.

Neste sentido, Deleuze vai afirmar, já em seus primeiros escritos, que não será necessário limitar, negar ou restringir as paixões dos interesses individuais através da legalidade, visto

---

7 Ibid., p. 311.
8 Ibid.
9 DELEUZE, Gilles. *Conversações*. Tradução de Peter Pál Pelbart. São Paulo, Editora 34, 2008, p. 219; 226.
10 Cf. AGAMBEN, Giorgio. *O que resta de Auschwitz (Homo Sacer III)*. Tradução de Jeanne Marie Gagnebin. São Paulo: Boitempo, 2008.

que o campo social é constituído como um espaço de dispositivos que, associados, são capazes de criar ilusões que anulam a parcialidade das paixões (repressão desejante) e cria, ao mesmo tempo, um discurso de interesse geral.[11] Tais associações são representadas em formas institucionais (Estado, Direito, Psicanálise, entre outros). Assim, o autor expõe que não se pode pensar o social através do paradigma jurídico da lei em si, mas na análise das instituições, para completar, o pensador salienta a diferença básica entre os dois enunciados:

> [...] a diferença entre a instituição e a lei: esta é uma limitação das ações, aquela, um modelo positivo de ação. Contrariamente às teorias da lei que põem o positivo fora do social (direitos naturais) e o social no negativo (limitação contratual), a teoria da instituição põe o negativo fora do social (necessidade), para apresentar a sociedade como essencialmente positiva, inventiva (meios originais de satisfação).[12]

Por fim, o caminho crítico de perspectiva filosófica é baseado no pensamento marxista. Para Alysson Mascaro o marxismo apresenta a crítica mais profunda do direito, pois investiga a fundo os nexos históricos e estruturais do direito com o todo social.[13] A base do pensamento marxista do direito tem como paradigma a relação da forma-mercantil e sua relação sujeito de direito. Pachukanis afirma que toda relação jurídica é uma relação entre sujeitos, e que o sujeito é o átomo, neste sentido, da teoria jurídica.[14] Ou seja, para que os indivíduos possam "livremente" contratar e, deste modo, permitir ao capital uma circulação mais

---

11 DELEUZE, Gilles. *Dois regimes de loucos*. Tradução de Guilherme Ivo. São Paulo: Editora 34, 2016, p. 19.
12 DELEUZE, Gilles. *A ilha deserta e outros textos*. Org. Luiz B. L. Orlandi. São Paulo: Iluminuras, 2005, p. 24. Versão digital.
13 MASCARO, Alysson Leandro. *Op. Cit.* p. 312.
14 PACHUKANIS, E. B. *A teoria geral do direito e o marxismo*. Rio de Janeiro: Renovar, 1989, p. 81.

eficiente, eles precisam ser sujeitos de direito, ter a liberdade formal de comprar e vender – mas também de venderem-se como força de trabalho. Considerando a aquisição originária da coisa dentro de uma estrutura social, Pachukanis afirma:

> [...] Mas esta relação (a aquisição do produto) só assume a forma jurídica da propriedade privada em um determinado momento de desenvolvimento das forças produtivas e da divisão do trabalho que lhe é correspondente [...]. Afirmo, apenas, que a propriedade privada se torna fundamento da forma jurídica enquanto livre disposição de bens no mercado. A categoria sujeito serve, então, precisamente, como expressão geral dessa liberdade.[15]

Assim, a "elevação" do indivíduo à condição de sujeito de direito é que permite a circulação de mercadorias – é o que concede ao capital sua almejada livre circulação. Marx considerava *historicamente* a forma social. De acordo com Pachukanis, "explica as condições materiais, historicamente determinadas, que tenham feito dessa ou daquela categoria uma realidade".[16] Ou, de acordo com Alysson Leandro Mascaro:

> O lastro da identificação do direito à circulação mercantil, Pachukanis o extrai da própria maneira pela qual Marx descobre os fundamentos da lógica do capital. Marx não analisa o capital começando de seus desdobramentos superiores e últimos. Sua perquirição para entender o mecanismo do capitalismo se dá a partir dos elementos mais básicos, primeiros, a partir dos quais se desdobram relações mais complexas. Assim sendo, Marx não explica o capitalismo a partir das grandes transações bancárias e da especulação financeira, mas sim dos mecanismos basilares da troca mercantil. Tais mecanismos põem em funcionamento uma máquina institucional que lhe é necessária

---

15 Ibid., p. 82.
16 Ibid., p. 83.

e reflexa. Tal máquina e tais relações se desdobram e se refinam posteriormente. Mas, justamente por isso, em se tratando de um refinamento e de um desdobramento de uma mesma lógica, o núcleo dessa lógica está em sua existência simples. Todos os elementos da teoria geral do direito, como direito subjetivo, dever, responsabilidade, sujeito de direito, atrelam-se necessariamente à própria forma da mercadoria.[17]

Desta forma, a teoria jurídica de Deleuze não pode ser classificada de maneira unívoca num campo restrito de pensamento, mas, através de uma análise menos restritiva é possível localizar sua filosofia como não juspositivista. Essas são apenas algumas das questões pouco discutidas que, por um lado, precisam se tornar mais evidentes no pensamento jurídico e que, por outro lado, permitem chegar à justificativa da necessidade de renovar a filosofia do direito, desfazendo esses e outros ideais hegemônicos. É necessário abrir novas possibilidades de pensar um direito que foi sequestrado pela técnica jurídica ou pelo ideal impotente.

Deleuze leva o leitor a participar de uma tradição filosófica do direito potente o suficiente para desarticular as filosofias juspositivistas e, com sorte, levá-la a travar pequenas guerras de "guerrilha consigo mesma".[18]

---

17 MASCARO, Alysson Leandro. *Op. Cit.* São Paulo: Atlas, 2010, p. 472.
18 DELEUZE, Gilles. *Conversações. Op. Cit.* p. 9.

1
CARTOGRAFIA DO PENSAMENTO DELEUZIANO: DA FILOSOFIA SISTÊMICA À MÁQUINA DE GUERRA

É bem verdade que Gilles Deleuze dava o tom e entretinha nosso ardor. Para quem não conheceu esta fúria de aprofundar, este demônio do sistema, essa febre mental, este delírio de absoluto, penso que faltará sempre alguma coisa do lado da compreensão.
(Michel Tournier)

O relato de Tournier, ao descrever o antigo colega, ressalta o entusiasmo daqueles que tiveram a oportunidade de conhecer a potência do novo estilo de pensar do filósofo Gilles Deleuze. Ainda que tenha surgido no concorrido período de enorme fomento de pensadores franceses, as ideias deleuzianas conseguiram se destacar, tornando-o um dos fenômenos intelectuais mais significativos de sua geração. Seu modo de filosofar é singular, seu pensamento é de difícil classificação, não seguiu as autoestradas filosóficas, lutou contra a história da filosofia, batalhou contra a descrença e o declínio do pensar filosófico ante a ascensão das ciências humanas e da epistemologia. Seu novo estilo de desenvolver conceitos, sua paixão pela filosofia, sua vida criadora, são essas as qualidades que fizeram Deleuze essa fúria do pensar, esse demônio do sistema, como bem esclarece Tournier. Será no tempo conhecido como "virada linguística",[1] contra autores que decretaram a morte da filosofia, que a pragmática de Deleuze busca ressuscitar a crença nos novos estilos do pensar, da filosofia como matéria-prima, como arte bruta, e é isto que faz do pensamento deleuziano um sistema filosófico de caráter extemporâneo e inatual.[2] A vida do autor foi "engajada em um desafio com um tempo que está fora do tempo, e tudo acontece como se, imersa dentro do nosso tempo, ela tentasse arrancar-lhe um pedaço de eternidade".[3] Sobre entusiasmo da nova geração de pensadores franceses, causado por sua filosofia, Deleuze, em entrevista para Robert Maggiori, comenta sobre a afirmação do colega Foucault, que afirmou categoricamente: "um dia, talvez, o século seja deleuziano".[4]

> Não sei o que queria dizer Foucault, nunca lhe perguntei. Ele tinha um humor diabólico. Talvez quisesse dizer isto: que eu era o mais ingênuo entre os filósofos de nossa geração. Em todos nós você encontra temas como a multiplicidade, a diferença, a repetição. Mas eu proponho sobre estes temas conceitos quase brutos, enquanto os outros trabalham com mais mediações. Jamais fui sensível à superação da metafísica

---

1 Cf. Filosofia da linguagem de origem anglo-saxã ou Filosofia analítica em que Wittgenstein é uma figura central.
2 Roberto Machado expõe que Deleuze denuncia a epistemologia (assim como a metafísica) como um agente de poder na filosofia que desempenha – como história da filosofia – um papel repressor do pensamento ou se constitui como um aparelho de poder no próprio pensamento; daí também ele acusa Wittgenstein de ter sufocado e matado o que havia de vivo no pensamento anglo-saxão, criando uma estúpida escola estéril (Cf. MACHADO, 2009).
3 GUALANDI, Alberto. *Deleuze*. Tradução de Daniel Ortiz Blanchard. São Paulo: Estação Liberdade, 2003, p. 14.
4 "Produziu-se uma fulguração, que levará o nome de Deleuze. Um novo pensamento é possível, um novo pensamento é possível. Ele está aí, nos textos de Deleuze, saltitante, dançante, diante de nós, entre nós... Um dia talvez o século será deleuziano" (DELEUZE, 2008).

ou da morte da filosofia, e nunca fiz drama da renúncia ao Todo, ao Uno, ao sujeito. Não rompi com uma espécie de empirismo, que faz uma exposição direta dos conceitos. Não passei pela estrutura, nem pela linguística ou a psicanálise, pela ciência ou pela história, porque penso que a filosofia tem sua matéria-prima que lhe permite entrar em relações exteriores, tanto mais necessárias, com suas outras disciplinas. Talvez seja isso que Foucault quis dizer: eu não era o melhor, porém o mais ingênuo, uma espécie de arte bruta [...].[5]

Deleuze se impõe radicalmente, deste modo, à morte da filosofia.[6] Na luta contra a corrente majoritária, reagiu à situação contemporânea e retornou ao conceito mais clássico da filosofia, dando ao seu pensamento um caráter sistemático. Expulsa do pensamento filosófico todo o resíduo de transcendência religiosa e qualquer forma de opinião, pública ou privada: o bom senso e o senso comum, a discussão e o consenso democrático, a mídia, entre outros. Quando se trata de reconstruir transcendências ou universais, de restabelecer um sujeito de reflexão portador de direitos, ou de instaurar uma intersubjetividade de comunicação, não se trata de uma grande invenção, defende Deleuze, muito menos algo filosófico. O consenso, o universal, as transcendências, comenta ele, não têm nada a ver com a filosofia.[7]

O autor parte da simples definição de conceitos até novas abordagens da filosofia da Natureza, perpassa pela filosofia política, pela ética e por quase todos os outros campos possíveis do filosofar. Junto com Nietzsche, engendra um apelo à filosofia cosmológica, impondo-se contra o fechamento da filosofia em história da filosofia, da interpretação, do consenso. Com

---
5 DELEUZE, Gilles. *Conversações. Op. Cit.* p. 111.
6 "Critica a versão Hegeliana, que identifica o fim da filosofia ao término da metafísica, e sua versão positivista 'vulgar' que quer que as ciências da natureza, e as ciências humanas em último lugar, por seu avanço inexorável, privem a filosofia de todo objeto específico, toda significação, para o tempo presente e o que está por vir" (GUALANDI, 2003).
7 ESCOBAR, Carlos Henrique (Org.). *Dossier Deleuze.* Rio de Janeiro: Ed. Hólon, 1991, p. 27.

Espinosa, vai contra qualquer tipo de apelo à transcendência, a metadiscursos. Através de conceitos criados por Hume, utiliza elementos do empirismo para desenvolver um plano de imanência. Neste sentido, imperioso se faz observar que o pensamento "deleuziano" é, sobretudo, um modo uníssono das leituras de Nietzsche, Hume, Bergson, Espinosa e outros autores, que vão se misturando e se complementando através de uma mesma voz. A este respeito, deve se levar em consideração a afirmação do autor:

> [...] Dizer algo em nome próprio é muito curioso; pois não é em absoluto quando nos tomamos por um eu, por uma pessoa ou um sujeito que falamos em nosso nome. Ao contrário, um indivíduo adquire um verdadeiro nome próprio ao cabo do mais severo exercício de despersonalização, quando ele se abre às multiplicidades que o atravessam de ponta a ponta, às intensidades que o percorrem.[8]

Deste modo, aos poucos e com muita cautela, Deleuze vai criando não apenas um novo pensamento, um novo sistema filosófico, mas uma nova maneira de filosofar, mais criativa, mais livre: uma máquina de guerra a favor da criação, do múltiplo, antiestrutura e anti-identidade. Talvez seja por causa dessas aspirações que a filosofia de Deleuze parece possuída por um "demônio de sistema" e vítima de um "delírio absoluto",[9] reagindo contra a corrente majoritária de pensadores que declaravam o fim do sistema e levando a filosofia ao seu limite extremo.

Assim, de maneira heterogênea e interdisciplinar, através de colagens conceituais, misturando literatura, artes e ciência, Deleuze desenvolve sua sistemática filosofia da criação. Não obstante, deve se esclarecer que em todo pensamento deste autor, voltado essencialmente à criação de conceitos, pode se perceber sua propensão à defesa de causas políticas, não apenas aquelas

---
8 DELEUZE, Gilles. *Conversações. Op. Cit.* p. 15.
9 TOURNIER, Michel. Le vent paraclet apud GUALANDI, Alberto. *Deleuze. Op. Cit.* p. 17.

pontuais e concretas, mas toda a luta política da minoria, daqueles indivíduos que possuem, de uma forma ou outra, singularidades capturadas pelo aparelho repressor do Estado. Todo horizonte político, deste modo, permeia o pensamento de Gilles Deleuze. Uma nova maneira de fazer política surge e seu trajeto intelectual se faz mais evidente em seus engajamentos políticos e transgressões.

Neste sentido, é imperioso salientar que não há uma ruptura entre o filósofo e o político, visto que, do início até o fim de seus trabalhos, das monografias de pensadores até os trabalhos sobre cinema e arte, toda a sua obra se engendra no espaço político, na crítica incessante contra as limitações das instituições e na busca das forças de criatividade. Sua filosofia sistemática torna-se então, uma máquina de guerra que restaura a relação com o caos para criar forças vitais e não mortíferas, para celebrar todas as formas possíveis de vida.

A resistência a toda barbárie apresentada de maneira global pela Segunda Guerra, ao nazismo, ao stalinismo, a todas as formas de autoritarismo, só pode ser feita através do pensar, do filosofar. Criar novos conceitos torna-se um imperativo absoluto ante o terror causado pelo desejo ao poder, pelo desejo fascista da própria repressão. A filosofia deve se instrumentalizar com as armas da vitalidade, em face da mortalidade da travessia histórica das formas de poder. O pensar deve retornar a sua função crítica, criadora e resistente: "Certamente, não há razão para acreditar que não podemos mais pensar depois de Auschwitz, e que somos todos responsáveis pelo nazismo".[10] Neste passo, a transformação do pensamento, a filosofia como potência de vida, de vitalidade, de criação, de resistência ao presente, se tornou algo imperativo na vida de Deleuze, renovando, de maneira tão intensa, o seu relacionamento entre o pensamento e o modo de vida:

---

10 DELEUZE, Gilles; GUATTARI, Félix. *O que é a filosofia?* Tradução de Bento Prado Jr. e Alberto Alonso Muñoz. São Paulo: Editora 34, 2013, p. 128.

(...) este sentimento de vergonha é um dos mais poderosos motivos da filosofia. Não somos responsáveis pelas vítimas, mas diante das vítimas. E não há outro meio senão fazer como o animal (rosnar, escavar o chão, nitrir, convulsionar-se) para escapar ao ignóbil: o pensamento mesmo está por vezes mais próximo de um animal que morre do que de um homem vivo, mesmo democrata. Se a filosofia se reterritorializa sobre o conceito, ela não encontra sua condição na forma presente do Estado democrático, ou num cogito de comunicação mais duvidoso ainda que o cogito da reflexão. Não nos falta comunicação, ao contrário, nós temos comunicação demais, falta-nos criação. Falta-nos resistência ao presente. A criação de conceitos faz apelo por si mesma a uma forma futura, invoca uma nova terra e um povo que não existe ainda (...).[11]

Deste modo, filosofar é, também, romper com a ordem vigente, resistir ao presente, criar um possível futuro. Romper com a ordem pura da forma política e do discurso, bem como romper com toda forma de fascismo, de repressão, não apenas aquele fascismo que aparece na ordem histórica, que aparece como algo extremo, de Hitler, Mussolini, entre outros, mas o fascismo que está em todo sujeito, do desejo a repressão, do desejo ao poder reagente, de toda uma "potência micropolítica ou molecular que torna o fascismo perigoso, porque é um movimento de massa: um corpo canceroso mais do que um organismo totalitário".[12] A dificuldade da luta contra o fascismo é justamente esta. O microfascismo está em todo lugar, não poupa ninguém, "o cinema americano mostrou com frequência esses focos moleculares, fascismo de bando, de gangue, de seita, de família, da aldeia, de bairro, de carro e que não poupa ninguém".[13]

---

11 Ibid., p. 128-129.
12 DELEUZE, Gilles; GUATTARI, Félix. *Mil platôs*: capitalismo e esquizofrenia. Volume 3. Tradução de Aurélio Guerra Neto, Ana Lúcia de Oliveira, Lúcia Cláudia Leão e Suely Rolnik. São Paulo: Editora 34, 2012, p. 92.
13 Ibid., p. 93.

Neste passo, o que Deleuze busca com sua nova forma de fazer política é justamente "a caça a todas as formas de fascismo, desde aquelas, colossais, que nos circulam e nos comprimem, até as formas pequenas que fazem a amarga tirania de nossas vidas cotidianas".[14] A máquina de guerra criada por Deleuze busca, então, essa nova reconfiguração política para o indivíduo fugir do poder do fascismo, mas não apenas do fascismo que vem de fora, imposto, como também de seu próprio fascismo. Este conceito corresponde à questão ambígua criada pelo conceito de "linha de fuga", que consiste mais em explorar as pontas, os limites da desterritorialização do poder e não apenas fugir de uma determinada situação. A ideia é a fuga contínua, o nomadismo, furtar-se sempre do poder, lutar contra o horror em que, normalmente, se acabam também as revoluções. Assim, as linhas de fuga, por algum motivo, possuem seu perigo: o perigo constante de engendrar novos monstros autoritários em nome de uma revolução. Deleuze sempre ressalta o perigo constante da linha de fuga, lembrando que "dizem-nos que as revoluções acabam mal, que o seu futuro engendra monstros: é uma velha ideia, não se esperava Stalin, e era verdadeiro de Napoleão, de Cromwell".[15]

Deste modo, seria demasiadamente simplista tomar o amor pelo ódio, tomar a vida contra instinto de morte ou bradar contra a vertigem fascista como o oposto do desejo, seria simples demais julgar que o desejo não enfrenta outros perigos, principalmente, os perigos de sua reterritorialização, em outro foco de poder, outro tipo de fascismo. Em *O anti-Édipo*, para além da lógica do "corpo sem órgãos", a relação que o desejo coletivo mantém com o instinto de morte permanece ligado

---

14 FOUCAULT, Michel. *Anti-Édipo*: uma introdução à vida não fascista. Disponível em: <http://letraefilosofia.com.br/wp-content/uploads/2015/03/foucault-prefacio-a-vida--nao-facista.pdf>. Acesso em: 26 mar. 2015.
15 DELEUZE, Gilles; GUATTARI, Félix. *O que é filosofia?*. Op. Cit. p. 128.

à interiorização de sua própria repressão. Assim, essa flexibilidade, essa linha de fuga e sua clareza não têm apenas seu perigo próprio, elas próprias são um perigo, correm sempre o risco de estabelecer novos microfascismos. Isto porque "a segmentaridade flexível corre o risco de reproduzir em miniatura as afecções, as afectações da dura: substitui-se a família por uma comunidade, substitui-se a conjugalidade por um regime de troca e de migração, mas é pior ainda, estabelecem-se micro-Édipos, os microfascismos ditam a lei, a mãe se acha na obrigação de embalar seu filho, o pai se torna mamãe. [...] Desterritorializamo-nos, fazemo-nos massa, mas para atar e anular os movimentos de massa e de desterritorialização, para inventar todas as reterritorializações marginais piores ainda do que as outras".[16]

Nesse contexto, o fascismo não se distingue de qualquer outra sociedade a não ser pelo caráter extremo de sua reterritorialização arcaica à qual ele necessariamente precisa recorrer para conjurar e manter a desterritorialização própria do capitalismo. Assim, Deleuze pode afirmar que Reich estava certo, pois "mostra-se maior pensador do que quando recusa invocar o desconhecimento ou a ilusão das massas para explicar o fascismo, e exige uma explicação pelo desejo, em termos de desejo: não, as massas não foram enganadas, elas desejaram o fascismo num certo momento, em determinadas circunstâncias, e é isso que é necessário explicar, essa perversão do desejo gregário".[17]

Justamente pela consciência dos perigos que assombram as revoluções e as linhas de fuga do poder, que o conceito de máquina de guerra não irá se esgotar em uma análise de um estado clínico, individual ou coletivo dos indivíduos, ou ainda uma constatação clara das formas políticas e das subjetividades,

---

16 DELEUZE, Gilles; GUATTARI, Félix. *Mil platôs*: capitalismo e esquizofrenia. Volume 3. *Op. Cit.* p. 109 e 110.
17 DELEUZE, Gilles; GUATTARI, Félix. *O anti-Édipo*. Tradução de L. B. Orlandi. São Paulo: Editora 34, 2010, p. 47.

é ele que confere um verdadeiro teor problemático à crítica do Estado como forma ou como modelo. A tese da exterioridade da máquina de guerra significa ao mesmo tempo que não se concebe o Estado sem uma relação com um fora da qual ele se apropria, sem poder reduzi-lo (a máquina de guerra institucionalizada como exército), e que a máquina de guerra se relaciona diretamente, positivamente, com um agenciamento social que, por natureza, nunca se fecha sobre uma forma de interioridade.[18] Esse agenciamento social é o nomadismo: sua forma de expressão é a máquina de guerra, sua forma de conteúdo – a metalurgia; o conjunto relaciona-se a um espaço dito liso.[19]

A tese tem um alcance prático. Ao invés de depositar uma crença inabalável e não crítica na potência dos devires e na revolução, ou de se situar abstratamente em uma "terceira via" progressiva ou reformista, a máquina de guerra permite especificar as condições de uma política revolucionária sem organização de partido, que disporia ao mesmo tempo de uma ferramenta de análise para fazer face ao perigo que deriva "fascista", próprio das linhas de fuga coletivas.

O engajamento de Deleuze na causa dos palestinos e a favor de sua resistência tinha esse sentido: ele via na OLP uma "máquina de guerra" no sentido preciso que lhe atribuía (P, 233). Para não se limitar à primeira impressão de ambivalência ou de contradição aparente, o leitor deve compreender em que sentido a máquina de guerra "não tem a guerra por objeto". A ambigüidade de onde a máquina de guerra extrai seu nome advém de que ela só deixa vestígios negativos na história (D, 171). Atesta isso o destino de toda resistência, o fato de ser em primeiro lugar qualificada como terrorismo ou desestabilização, depois

---

18 ZOURABICHVILI, François. *O vocabulário de Deleuze*. Tradução de André Telles. Rio de Janeiro: IFCH-Unicamp, 2004, p. 34. Versão digital.
19 DELEUZE, Gilles; GUATTARI, Félix. *Mil platôs*: capitalismo e esquizofrenia. Volume 5. Tradução de Peter Pál Pelbart. São Paulo: Editora 34, 2012, p. 109-110.

triunfar amargamente, quando triunfa, passando à forma do Estado: é que ela deriva do devir, do "devir-revolucionário", e não se inscreve na história (P, 208-9; QPh, 106). Dir-se-ia portanto que a "vitalidade não-orgânica" de uma coletividade e sua inventividade social em termos de agenciamentos originais às vezes só se manifestam na guerra, embora ela não tenha a guerra como objeto. É somente quando é apropriada pelo Estado que, "separada do que pode", ela toma a guerra por objeto: esta muda então de sentido ou de "regime de signos", uma vez que não é mais o mesmo agenciamento; de guerrilha, ela passa a operação militar (MP, 518-27). Em definitivo, o conceito de máquina de guerra condensa os dois pólos do desejo, "paranoico" e "esquizoide", evidenciados pela lógica do corpo sem órgãos.[20]

Deste modo, Deleuze parte à luta contra todas as formas possíveis de repressão, contra toda forma de captura das subjetividades, contra todos os instintos de morte. Através de seu novo estilo de filosofar o autor desenvolve conceitos que sejam capazes de fazer com que os "devires revolucionários", de fato, consigam fugir do mau futuro das revoluções, dos desvios do poder e, por conseguinte, se desprenderem, por completo, da subjetividade fascista, do instinto de morte. O nomadismo será o devir que não fará parte da história, que se transformará constantemente para reaparecer em qualquer lugar, sob quaisquer formas de linhas de fuga do campo social.

1.1. Filosofia da diferença: ontologia e multiplicidade

"Só houve uma proposição ontológica: o Ser é unívoco".
(Gilles Deleuze)

Deleuze, após quinze anos publicando apenas monografias sobre história da filosofia (Hume, Nietzsche, Kant, Bergson, entre outros), termina sua tese de doutorado e inicia um longo caminho

---

20 ZOURABICHVILI, François. *Op. Cit.* p. 34.

de pensamento próprio. Em *Diferença e repetição*, surgem as principais indagações e conceitos que serão levados adiante em quase todos os escritos deste pensador. Imprescindível lembrar que "escrever em nome próprio" não significa autonomia de pensamento, mas uma "colagem" filosófica, instaurar um problema em sua radicalidade, reordenar questões filosóficas e produzir novos conceitos. É um processo de ruptura e reorganização.

É importante analisar tal fato, pois o filósofo abusa dos conceitos criados por demais pensadores e, apoiando-se neles, desenvolve seu pensamento radical. É na confluência com a filosofia de Bergson, Espinosa e Hume que irá surgir a filosofia da Diferença e, conseguintemente, da multiplicidade de Deleuze.

Para Deleuze o Ser é substância Una, mas não há apenas um princípio para todas as coisas, os elementos das matérias podem se moldar conforme forças exteriores a sua essência, assim como no pensamento de Espinosa. O Uno funda o múltiplo, de acordo com os agenciamentos que cada substância e matéria fazem. Busca-se o elemento que não tem forma nem função e, deste modo, é abstrato nesses sentidos, embora seja perfeitamente real. O Uno é "anatômico", pois ultrapassa os órgãos e as funções.

É exatamente a busca incessante de um fator comum que indica a unicidade anterior de toda a diferença ordenada pelos princípios da associação do próprio sujeito cognoscente o verdadeiro objeto da filosofia deleuziana. Neste sentido, inclusive, Alain Badiou expõe de forma ímpar: "O problema fundamental de Deleuze não é certamente liberar o múltiplo, é dobrar o pensamento a um conceito renovado de Uno".[21]

A intenção maior é libertar a filosofia da ilusão da qual a natureza do Ser, que lhe é imanente, foi reduzida em uma pura aparência e subjugada em relação a ideia/imagem que lhe transcende.

---

21 BADIOU, Alain. *Deleuze*: o clamor do ser. Rio de Janeiro: Jorge Zahar, 1997, p. 18.

Como sintetiza Roberto Machado, essa proposta nos remete mais explicitamente ao aspecto positivo e principal objeto da leitura deleuziana, subverter a filosofia da representação de Platão (e Kantiana), para afirmar os direitos dos simulacros, reconhecendo uma potência positiva, dionisíaca, capaz de destruir a categoria original e de cópia.[22]

Para dar um estatuto radical a filosofia da unidade do Ser, o monismo Deleuziano utiliza da "filosofia genética" baseada nos conceitos de substância, atributos e modos de Espinosa. A substância, anatômica, é o que existe por si e para si, é a única coisa que não necessita de outras para ser formada, não possui estrutura nem função, muito menos uma finalidade. Atributo é a essência da substância percebida pelo intelecto, é aquilo que pode ser captado. Já, por sua vez, os modos são as afecções da substância, isto é, o que existe em outra coisa pela qual também é concebido.[23]

O que Espinosa postula, e Deleuze retoma, é um cosmocentrismo em que uma realidade-substância única, ilimitada, manifesta-se ora na forma dos corpos físicos extensos, e ora na forma de ideias ou pensamentos, os chamados modos ou acidentes da substância da qual o homem é apenas uma manifestação possível, um modo de ser.

Neste passo, a ontologia espinozista é colocada como tese fundamental e central da teoria da Univocidade do Ser. "O ser unívoco é a substância absolutamente infinita, isto é, constituída por uma infinidade de atributos iguais realmente distintos, cujos produtos são modos, maneiras de ser que existem nos atributos".[24] Segundo o jargão espinosiano, *um modo finito da infinita substância*, ou seja, *uma manifestação finita de Deus infinito*.[25]

---

22 MACHADO, Roberto. *Deleuze, a arte e a filosofia*. Op. Cit. p. 48-49.
23 SPINOZA, Benedictus de. *Ética*. Tradução de Tomaz Tadeu. Belo Horizonte: Autêntica, 2009. Definições 3, 4 e 5, p. 11.
24 MACHADO, Roberto. Op. Cit. p. 59.
25 PONCZEK, Robert Leon. *Deus ou seja a natureza:* Spinoza e os novos paradigmas da

Essa finitude (Real) em que o infinito (Virtual) é percebido e toma corpo, "exprime-se", "efetua-se", "atualiza-se", dirá Deleuze, é a condição da existência das coisas.

Deleuze segue na contramão da teoria Kantiana, em que a Ideia é Uno que se diz por analogia do existente e, com isto, garante a última submissão da diferença sensível para o Uno e define o caminho pelo qual o Uno atribui-se de novo no múltiplo, "como se houvesse uma finalidade suprassensível que, depois de sua criação reconduzisse o mundo a Deus, o múltiplo ao Uno".[26] Em Deleuze, também, a Ideia é Uno, é a totalidade que é o princípio de todas as coisas, razão do ser e de sua gênese. Ocorre que, para esse, a ideia não se opõe, ao exterior, às coisas, pois ela lhes é imanente. A ideia não se diz por analogia do múltiplo que criou, pelo contrário, se diz de maneira unívoca do múltiplo que é.

A ideia é multiplicidade plenamente positiva, em que a diferença exprime o Uno e o Uno exprime-se em toda diferença. Ela não é uma entidade meramente abstrata exterior às coisas, é imanente, é a própria coisa. "Deus está dentro de cada criatura e cada criatura está em Deus: panteísmo!".[27] A Ideia é o Ser que é percebido pelas faculdades da razão e ao termo de uma longa relação chega ao ser de todas as coisas. Assim, "é próprio da Ideia ser distinta e obscura, querendo isso dizer que ela é real sem ser atual, diferenciada, sem ser diferenciada, completa sem ser inteira",[28] a Ideia é a potência de pensamento própria do Ser pré-individual e virtual cuja potência de existir é a intensidade, como será demonstrado.

Assim, para Deleuze existe uma proposição ontológica na qual todas as outras necessariamente derivam: o Ser é unívoco.

Física. Salvador: EDUFBA, 2009, p. 35.
26 GUALANDI, Alberto. *Op. Cit.* p. 46.
27 Ibid., p. 46.
28 DUARTE, André Macedo; LERNER, Rosemary; QUIJANO, Antonio (Ed.). *Phenomenology 2010*. Volume 2: Selected Essays from Latin America: Traversing. Paris: Zeta Books, 2010, p. 313. Versão digital.

A concepção do Ser Unívoco ganha corpo: "de Parmênides a Heidegger, a mesma voz é retomada num eco que forma por si só todo o desdobramento do unívoco".[29]

O Ser se diz único e liberta-se da pluralidade de sentidos até então a ele atribuído, em especial na filosofia de Platão e Kant. O sentido de ser é único para todos.

> Com efeito, o essencial na univocidade não é que o Ser se diga num único sentido. É que ele se diga num único sentido de todas as suas diferenças individuantes ou modalidades intrínsecas. O Ser é o mesmo para todas estas modalidades, mas estas modalidades não são as mesmas. Ele é "igual" para todas, mas elas mesmas não são iguais. Ele se diz num só sentido de todas, mas elas mesmas não têm o mesmo sentido. É da essência do ser unívoco reportar-se a diferenças individuantes, mas estas diferenças não têm a mesma essência e não variam a essência do ser - como o branco se reporta a intensidades diversas, mas permanece essencialmente o mesmo branco. Não há duas "vias", como se acreditou no poema de Parmênides, mas uma só "voz" do Ser, que se reporta a todos os seus modos, os mais diversos, os mais variados, os mais diferenciados. O Ser se diz num único sentido de tudo aquilo de que ele se diz, mas aquilo de que ele se diz difere: ele se diz da própria diferença.[30]

A noção de multiplicidade do Ser, então, será paulatinamente desenvolvida por Deleuze até *Diferença e repetição*, quando aparecerá como "estrutura na qual os elementos não têm função subordinada, mas são determinados por relações recíprocas que não podem ser compreendidas como relações de oposição".[31] Com essa linha de raciocínio é que se pode

---

29 DELEUZE, Gilles. *Diferença e repetição*. Tradução de Luiz Orlando e Roberto Machado. Lisboa: Relógio d'Água, 2000, p. 42. Versão digital.
30 Ibid., p. 45.
31 SAFATLE, Vladimir. *Curso de introdução à experiência intelectual de Gilles Deleuze*. São Paulo: Departamento de Filosofia da Universidade de São Paulo, 2012, p. 30.

afirmar que existe um processo de mudança contínua da natureza e expor que ao conceito platônico de alteridade, Bergson substitui um conceito aristotélico, este de alteração, isto para transformá-lo na própria substância. A função desta sistemática é chegar à Diferença absoluta, em que o ser não se subordina à imagem ou, mais especificamente, que a diferença não se subordina à identidade.

Vale ressaltar que as raízes conceituais do bergsonismo contribuíram para a filosofia da diferença operar em dois planos: o metodológico e o ontológico. Trata-se de "determinar as diferenças de natureza entre as coisas: é somente assim que se poderá 'retornar' às próprias coisas, dar conta delas sem reduzi-las a outra coisa, apreendê-las em seu ser".[32]

Todavia, foi com a filosofia de Nietzsche que Deleuze buscaria, em sua inspiração fundamental, o último posicionamento para alcançar a Diferença absoluta. Foram com as críticas em *Crepúsculo dos ídolos*, por exemplo, que Nietzsche evidencia, de modo lapidar, as grandes etapas da história da filosofia em termos de representação e diferença – Platão, a filosofia cristã, Kant e o positivismo –, estão todos presos aos conceitos de representação, do qual ele se insurgirá. A filosofia de Nietzsche é, como ele mesmo a denominou, um "platonismo invertido" (*umgedrehter Platonismus*). Pois é justamente essa temática, interpretada como crítica da filosofia da representação e denominada às vezes "subversão", às vezes "perversão do platonismo", que constitui o centro a partir do qual gravitam as análises histórico-filosóficas de Deleuze e inspira toda a elaboração de seu pensamento filosófico da Diferença Absoluta.[33]

A dualidade entre os dois tipos de filosofia tem, por conseguinte, Nietzsche e Platão como polos opostos. Num extremo,

---

32 DELEUZE, Gilles. *A ilha deserta e outros textos. Op. Cit.* p. 43.
33 SAFATLE, Vladimir. *Op. Cit.* p. 32.

Platão, com quem nasce a imagem do filósofo como ser das ascensões, como aquele que sai da caverna, se eleva e se purifica na medida em que progride em direção ao bem e à verdade.³⁴ Platão, para quem, segundo Deleuze, estabelece na história da filosofia a célebre dualidade entre sensível e inteligível, dando início à metafísica. Tal dualidade existe em função da distinção entre a boa cópia, a cópia bem fundada, que é uma imagem dotada de semelhança, e a má cópia, o simulacro, que é uma imagem sem semelhança.³⁵ Se Platão é um filósofo da representação é porque sua postura metafísica privilegia a imagem fundada pela semelhança interna com a identidade superior da Ideia em detrimento da imagem sem semelhança, o simulacro.

Para Deleuze a tarefa de toda a filosofia moderna é justamente reverter o platonismo e "que esta reversão conserve muitas características platônicas, isto não só é inevitável, como desejável. É verdade que o platonismo já representa a subordinação da diferença às potências do Uno, do Análogo, do Semelhante e mesmo do Negativo".³⁶ É que para o autor, assim como para Nietzsche,³⁷ a filosofia platônica é o início da subordinação da multiplicidade pela unidade, "é como o animal em vias de ser domado; seus movimentos, numa última crise, dão melhor testemunho, do que em estado de liberdade, de uma natureza logo perdida".³⁸

De outra maneira, Nietzsche inverte o platonismo, pois é aquele que radicalmente duvidou dessa orientação pelo alto, em

---

34 MACHADO, Roberto. *Op. Cit.* p. 34.
35 "Como o mundo verdadeiro acabou convertendo-se numa fábula. História de um erro" (Cf. NIETZSCHE, 2001).
36 DELEUZE, Gilles. *Diferença e repetição*. *Op. Cit.* p. 67.
37 "Porém a luta contra Platão, ou para dizê-lo de modo mais inteligível e popular, a luta contra a milenar opressão clerical cristã – uma vez que o Cristianismo é um Platonismo para a povo – produziu, na Europa, uma maravilhosa tensão dos espíritos até então nunca vista na terra; com o arco vergado de tal forma pode-se visar o alvo mais longínquo. É verdade que para o europeu esta tensão é causa de mal-estar; e duas grandes tentativas de relaxar o arco já foram feitas, a primeira vez com o jesuitismo e a segunda com a propaganda das ideias democráticas" (NIETZSCHE, 2013).
38 Ibid., p. 68.

direção da identidade do modelo, aquele em quem se nota de maneira mais extrema o exercício de um pensamento que afirma a diferença.[39] Para chegar a Diferença radical, Nietzsche, segundo Deleuze, cria o pensamento como vontade afirmativa da potência, sendo a diferença e o eterno retorno o pensamento capaz de criar algo como afirmação, porque torna possível pensar diferencialmente a diferença, isto é, o eterno retorno como devir, retorno da diferença.

Machado evidencia que "a principal crítica deleuzo-nietzschiana à filosofia da representação é o postulado segundo o qual o pensamento é um exercício natural de uma faculdade, é naturalmente bem dotado para possuir a verdade, enquanto o erro, considerado como o negativo do pensamento, vem de fora, é produto de mecanismos externos". O objetivo, neste caso, é:

> demonstrar que essa concepção implica, subjetivamente, a unidade, ou a identidade do sujeito pensante como fundamento da concordância, da harmonia entre as faculdades, e, objetivamente, a unidade, ou a identidade do objeto como submetendo a diversidade dada. Deleuze propõe como alternativa à representação um empirismo transcendental – expressão que já é uma colagem de Hume e Kant – que considera o pensamento como involuntário e inconsciente e se define como uma teoria do uso paradoxal das faculdades. São três os aspectos mais importantes dessa teoria. Primeiro, cada faculdade tem um objeto próprio, específico, singular; cada faculdade só apreende o que a concerne exclusivamente, diferencialmente, e não pode ser objeto de nenhuma outra. Segundo, a relação entre as faculdades é do tipo de um "esforço divergente", de um "acordo discordante", o que faz com que seja o encontro contingente e violento com o que força a pensar que produz a necessidade de um ato de pensamento. Terceiro, as ideias são uma multiplicidade, uma coexistência virtual

---

39 MACHADO, Roberto. *Op. Cit.* p. 33.

das relações entre elementos diferenciais intensivos que referem o diferente ao diferente e se atualizam, se encarnam, se efetuam por um processo genético de diferenciação qualitativa e quantitativa.[40]

É com esta abordagem e com a ética de Espinosa que Deleuze aprofundará outro assunto de grande importância em sua obra: o da hierarquia. Segundo Deleuze, o termo hierarquia, na obra de Nietzsche, remete a dois significados. Em primeiro lugar, apresenta a diferença que há entre as forças ativas e reativas, a superioridade que possui as forças ativas em relação às forças reativas. Em segundo lugar, apresenta o fenômeno extremamente complexo que surge no momento em que as forças reativas triunfam, no qual os fracos vencem os senhores por intermédio do reino da lei e da virtude.[41]

Deste modo, segundo Deleuze, há outro sentido atribuído à teoria da hierarquia, e, de acordo com esse, a religião e a moral devem fazer parte da mesma, já que se tem na Igreja, na moral e no Estado, os responsáveis por toda e qualquer hierarquia.

> Temos a hierarquia que merecemos, nós que somos essencialmente reativos, nós que tomamos os triunfos da reação por uma metamorfose da ação e os escravos por novos senhores – nós que só reconhecemos a hierarquia invertida.[42]

Neste passo, a teoria de Nietzsche é essencial para a compreensão do procedimento deleuziano de crítica da filosofia e busca de um espaço alternativo, ou, mais precisamente, de crítica da filosofia da representação e constituição de uma filosofia da diferença.

Nessa sistematização dos princípios da filosofia da diferença, através de uma doutrina das faculdades, em correspondência

---

40 MACHADO, Roberto. *Op. Cit.* p. 34.
41 DELEUZE, Gilles. *Nietzsche e a filosofia.* Tradução de Ruth J. Dias e Edmundo Fernandes Dias. Rio de Janeiro: Ed. Rio, 1976, p. 49.
42 Ibid., p. 49.

Direito e política em Deleuze | 45

com os estudos monográficos, está, mais uma vez, o âmago da filosofia de Deleuze, que inclusive permaneceu invariável no fundamental, apesar das modificações terminológicas e até mesmo conceituais que sofreu. Desta forma, a recuperação de uma ontologia podia enfim aparecer como base para a experiência intelectual de Gilles Deleuze.

Com a colagem destes conceitos, torna-se possível a criação ontológica de Deleuze que se organiza, principalmente, em dois conceitos aparentemente impossíveis de serem conjugados: Univocidade do Ser e a Multiplicidade do Devir. Há apenas uma única substância para tudo que existe, uma fórmula sintética que sustenta que o Ser é Uno.[43]

Por outro lado, o princípio do Devir, em sua forma mais pura, conforme a compreensão de Heráclito, expõe que "nada é igual, tudo se banha em sua diferença, em sua dessemelhança e em sua desigualdade, mesmo consigo".[44] A univocidade do Ser e sua multiplicidade afirmam a imanência absoluta do pensamento ao mundo já existente, "a recusa categórica de toda forma de pensamento transcendendo o Ser das coisas em uma forma qualquer de supra-sensível. (...) A intuição da univocidade do Ser é a mais elevada expressão intelectual do amor por tudo aquilo que existe".[45]

1.2. Filosofia da diferença: atual, virtual e perceptível

A filosofia deve constituir-se como teoria do que fazemos, não como a teoria do que é, pois o pensamento só diz o que é ao dizer o que faz: reconstruir a imanência substituindo as unidades abstratas por multiplicidades

---

43 "A questão colocada por Deleuze é a questão do Ser. De uma ponta à outra de sua obra, trata-se sob pressão de casos inumeráveis e arriscados, de pensar o pensamento (seu ato, seu movimento) sobre o fundo de uma pré-compreensão ontológica do Ser como Uno" (ALAIN BADIOU, 1997).
44 DELEUZE, Gilles. *Diferença e repetição. Op. Cit.* p. 342.
45 GUALANDI, Alberto. *Op. Cit.* p. 20.

concretas, o É de unificação pelo E enquanto processo ou devir (uma multiplicidade para cada coisa, um mundo de fragmentos não totalizáveis comunicando-se através de relações exteriores). (Érick Alliez)

Como exposto, Espinosa procede uma radicalidade ao chegar em elementos que não possuem mais forma ou função, são completamente abstratos nesse sentido. São substâncias que não chegam a ser átomos, visto que estes já possuem formas e são finitos. Estas matérias são, portanto, elementos indivisíveis e as últimas partes, infinitamente pequenas de um infinito atual, estendido num mesmo plano, de consciência ou de composição. Tais elementos distinguem-se apenas pelo movimento e pelo repouso, pela lentidão e pela velocidade, pela maneira que são percebidos em relação ao espaço-tempo.

Se há uma efetiva gênese no mundo, ela somente poderá ser produção. Produção do real, da novidade. O ser Uno é sempre e, necessariamente, acontecimento. É com a doutrina processual do tempo bergsoniana que se dá a referência para atualização do virtual. A duração perceptível da substância num tempo presente. É, assim, que a Ideia é o Ser que é percebido pelas faculdades da razão, é a potência de pensamento do próprio Ser pré-individual e virtual. Se o ser é Unívoco é, pois, possui uma essência única, uma potência única: a intensidade.[46]

Nessa linha de raciocínio, é a leitura de Bergson que proporciona Deleuze dar forma àquilo que é múltiplo, puro fluxo de duração que se oferece no tempo. Bergson é quem proporciona a Deleuze aquilo que Espinosa não conseguiu, uma ontologia radicalmente afirmativa, que envolve a passagem do virtual para o atual através do processo de diferenciação do ser. Surge com o bergsonismo o virtual e o atual, gênese, atualização e duração. "O ser não deixa de ter existência ao atualizar-se,

---

46 Ibid., p. 57.

mas ele diferencia a si mesmo nesse processo, individuando-se como as coisas presentes na experiência. O ser é, desse modo, pré-individual e pré-subjetivo".[47] O esforço filosófico se volta para a análise dos princípios "pré-individuais" e "pré-subjetivos" que permitem a constituição do que é dado. É deste modo, que Deleuze insiste no empirismo, ensinando que o conhecimento, na verdade, não deriva da experiência, mas daquilo que é dado. Somente no bergsonismo que será possível a filosofia deleuziana passar em direção às condições de experiência em direção das percepções puras que só podem ser apreendidas pela intuição. A intuição[48] é o ponto fundamental para apreender aquilo que faz a coisa ser o que ela é, em sua diferença a respeito de tudo aquilo que não é ela. Vale ressaltar que intuição, aqui, significa a apreensão de uma duração que nos coloca diante do Ser como multiplicidade, não se trata apenas da ideia imediata do que é claro e distinto ao espírito. Deleuze observa a complexidade da intuição em Bergson, afirmando:

> A intuição é o método do bergsonismo. A intuição não é um sentimento nem uma inspiração, uma simpatia confusa, mas um método elaborado, e mesmo um dos mais elaborados métodos da filosofia. Ele tem suas regras estritas, que constituem o que Bergson chama de "precisão" em filosofia. É verdade que Bergson insiste nisto: a intuição, tal como ele a entende metodicamente, já supõe a duração. "Essas considerações sobre a duração parecem-nos decisivas. De grau em grau, elas nos fizeram erigir a intuição em método filosófico. Aliás, 'intuição' é uma palavra ante a qual hesitamos durante muito tempo". E

---

47 FORNAZARI, Sandro Kobol. *O bergsonismo de Gilles Deleuze*. Revista Trans/Form/Ação, São Paulo, 27(2): 31-50, 2004.
48 "Intuição forma um método, com suas três (ou cinco) regras. Trata-se de um método essencialmente problematizante (crítica de falsos problemas e invenção de verdadeiros), diferenciante (cortes e intersecções) e temporalizante (pensar em termos de duração). Mas falta determinar ainda como a intuição supõe a duração e como, em troca, ela dá à duração uma nova extensão do ponto de vista do ser e do conhecimento" (DELEUZE, 2008).

a Höffding ele escreveu: "A teoria da intuição, sobre a qual o senhor insiste muito mais do que sobre a teoria da duração, só se destacou aos meus olhos muito tempo após essa última."[49]

Para formular uma crítica do negativo e uma ontologia afirmativa, Deleuze vincula à intuição com a apreensão daquilo que traz em si mesmo sua própria diferença. Essa pode ser uma tradução do conceito de Duração, pois "trata-se de uma 'passagem', de uma 'mudança', de um devir, mas de um devir que dura, de uma mudança que é a própria substância".[50] Assim, é através de uma reflexão sobre a duração em sua relação com a noção de *élan vital* (Impulso Vital/Evolução Criadora), que Deleuze poderá expor sua concepção de que o Ser é alteração e a alteração é substância (contrapondo a alteridade de Platão com a alteração de Aristóteles). Decorre desta compreensão o conceito de Multiplicidade.

A filosofia da diferença, ganha, aqui, sua radicalidade crítica, em que diferença não mais se subordina à oposição, analogia, semelhança, negação, identidade, ou seja, a todos os aspectos da mediação e da representação. A diferença é diferença pura, não se inscreve num conceito em geral, mas é afirmação. Não é uma questão de dado, e, sim, de como o dado é dado. O processual é uma tônica extremamente relevante, assim como o conceito de devir: a mudança que muda, sem suporte, continuamente, mas inconstante, eliminando da ontologia a permanência e a transcendência. O devir aqui, a princípio, se equivale ao ser, mas vai além dele, ou seja, a própria ontologia está em constante devir na filosofia da diferença.

---

49 DELEUZE, Gilles. *Bergsonismo*. Tradução de Luiz B. L. Orlandi. São Paulo: Editora 34, 2008, p. 7.
50 Ibid., p. 29.

Manuel Delanda[51] explica os elementos pelos quais a obra de Deleuze pertence a uma ontologia bergsoniana, composta pelo atual, intensivo e virtual. A atualização do virtual pode ser analisada através de uma específica interpretação do cone da memória de Bergson:[52]

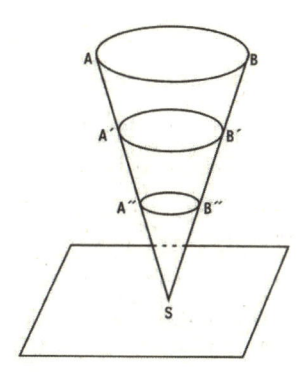

Figura 1: O cone de Bergson

A base "S" é o plano atual, o presente que dura no espaço--tempo, o momento é o intensivo, a passagem do atual para o virtual e vice-versa, sendo que um caminho não corresponde ao outro. O presente é a duração do Virtual, mas não pode ser visto de maneira estrita, pois inclui, em sua atualização, o passado deste presente, uma imagem virtual que dobra a imagem atual. O virtual é o cone, é a coexistência dos tempos, passado, presente e futuro, sendo que o futuro é ontológico, como todo o tempo, mas não envolve a produção do novo: é o devir.[53]

Partimos de um "estado virtual", que conduzimos pouco a pouco, através de uma série de *plano de consciência*

---

51 DELANDA, Manuel. *Intensive science and virtual philosophy*. 2. ed. Londres: Continuum, 2004.
52 BERGSON, Henri. *Matéria e memória*. São Paulo: Martins Fontes, 1999, p. 190.
53 PEARSON, Keith. *Philosophy and the adventure of the virtual*. Nova Iorque: Routledge, 2002, p. 194.

diferentes, até o termo em que ele se materializa numa percepção atual, isto é, até o ponto em que ele se torna um estado presente e atuante, ou seja, enfim, até esse plano externo de nossa consciência em que desenha nosso corpo. Nesse estado virtual consiste a lembrança pura.[54]

Há, aqui, um paralelo que pode ser feito com as possibilidades concretas de tal pensamento. A física quântica, com o "campo de Higgs",[55] conhecido como "Bóson de Higgs", demonstra que há "massa" em todas as partículas elementares, inclusive no "vazio". O experimento representa a chave para explicar a origem das substâncias subatômicas e que permite, desta feita, que as demais partículas possuam diferentes massas.[56] A diferença entre as partículas se dá, então, de acordo com os agenciamentos das forças eletromagnéticas e a velocidade destas substâncias "vazias".

Neste passo, a realidade está no engendramento de dois campos distintos o Campo de Higgs, das substâncias subatômicas infinitas e virtuais e o campo perceptível, na qual as massas perdem velocidade e ganham massa o suficiente para serem perceptíveis e se atualizam, mesmo que imperceptível.

O papel do Higgs é único entre as partículas: ele é responsável por "dar massa" a todas as outras. Vale lembrar que, na física moderna, as entidades essenciais são os campos. Partículas são excitações desses campos, como pequenas ondas na superfície de um lago. O campo de Higgs estaria por toda a parte, como o ar na nossa atmosfera. Ele interage com os campos de outras partículas: por exemplo, o campo dos elétrons ou o dos fótons (o campo eletromagnético), as partículas de luz. Essa interação tem uma intensidade que varia de campo para campo. É essa

---

54 Ibid., p. 280.
55 ZIZEK, Slavoj. *Organs without bodies*. Nova Iorque: Routledge, 2012, p. 21.
56 BERNARDI, G.; CARENA, M.; JUNK, T. *Higgs Bosons*: theory and searches. Reviews of Particle Data Group: Hypothetical particles and Concepts, 2007. Disponível em: <http://pdg.lbl.gov/2008/reviews/higgs_s055.pdf>. Acesso em: 11 out. 2015.

intensidade variável que determina a massa das partículas e as suas diferenças.⁵⁷

Deleuze faz a mesma distinção com "Campo da Consciência" e seu Plano de Imanência ou de univocidade em que o Ser é Uno, se diz em um único e só sentido de todo o múltiplo, plano da infinidade das modificações que são parte umas das outras sobre o único e mesmo plano de vida. Plano da Natureza, em que há, portanto, infinitos, não de acordo com números, mas de acordo com a composição da relação onde entram suas partes. O plano de consciência "é como uma imensa Máquina Abstrata onde ocorre, no entanto, o real e o individual, cujas peças são os agenciamentos ou indivíduos diversos que agrupam cada um com uma infinidade de partículas sob uma infinidade de relações mais ou menos compostas.⁵⁸

Há no Plano de Consistência uma intersecção de todas as formas concretas. Neste plano apenas os devires "mais potentes" se inscrevem, são devires imperceptíveis, escapam de toda e qualquer forma. Assim, os devires, "como desenhos de feiticeiras, escrevem-se nesse plano de consistência, a última Porta, onde encontram sua saída. Este é o único critério que os impede de atolar, ou de cair no nada. É o Planômeno ou a Rizosfera, o Criterium (e outros nomes ainda, segundo o crescimento das dimensões)".⁵⁹

Os devires são ondas imperceptíveis, mas que influenciam o mundo Real diretamente através de *n* dimensões, no qual cada agenciamento se torna concreto e forma multiplicidades de acordo com seus agenciamentos, seguimentos, vibrações. É o plano de secção de todos os devires.

---

57 GLEISER, Marcelo. *Encontrado o Bóson de Higgs*. Disponível em: <http://disciplinas.stoa.usp.br/pluginfile.php/34362/mod_resource/content/2/Encontrado%20o%20b%C3%B3son%20de%20Higgs.pdf>. Acesso em: 12 out. 2015.
58 RODRIGUES, Juliana Martins; JUNIOR, Carlos Augusto Peixoto. *Para desarticular os estratos dominantes do organismo, da significância e da subjetivação*. Revista Psicol. Argum. 2011, jul./set., v. 29, p. 291.
59 DELEUZE, Gilles; GUATTARI, Félix. *Mil platôs*: capitalismo e esquizofrenia. Volume 4. Tradução de Suely Rolnik. São Paulo: Editora 34, 2012, p. 37.

Deleuze ensina que Vírgínia Woolf soube sintetizar bem os devires-ondas que designam multiplicidades virtuais, ele expõe:

> Em *As ondas*, Virgínia Woolf, que soube fazer de toda sua vida e sua obra uma passagem, um devir, toda espécie de devires entre idades, sexos, elementos e reinos, mistura sete personagens, Bernard, Neville, Louis, Jinny, Rhoda, Suzanne e Perceval; mas cada um desses personagens, com seu nome, sua individualidade, designa uma multiplicidade (por exemplo, Bernard e o cardume de peixes); cada um está ao mesmo tempo nessa multiplicidade e na borda, e passa a outras. Perceval é como que o último envolvendo o maior número de dimensões. Mas ainda não é ele que constitui o plano de consistência. Se Rhoda acredita vê-lo destacando-se do mar, não, não é ele, "quando ele repousa sobre seu joelho o cotovelo de seu braço, é um triângulo, quando ele fica de pé é uma coluna, se ele se debruça é a curva de uma fonte (...) o mar brame atrás dele, ele está para além de nossa espera". Cada um avança como uma onda, mas, no plano de consistência, é uma só e mesma Onda abstrata, cuja vibração se propaga segundo a linha de fuga ou de desterritorialização que percorre todo o plano (cada capítulo do romance de Virgínia Woolf é precedido de uma meditação sobre um aspecto das ondas, sobre uma de suas horas, sobre um de seus devires).[60]

Destarte, o caráter Virtual da Ideia-Ser-Tempo comporta um conjunto de possibilidades, uma máquina abstrata, da qual o real deriva por simples limitação das questões perceptíveis. Assim, todas as passagens dos acontecimentos do Virtual para o real necessitam de um "ato miraculoso" que dá existência àquilo que era apenas pura essência, este ato é a sensibilidade, a percepção, o empirismo transcendental deleuziano.

É aqui que, através do pensamento de David Hume, Deleuze colocou a reflexão sobre a experiência e seu destino no

---

60 Ibid., p. 38.

cerne de uma reflexão sobre o social, "somente uma psicologia das afecções do espírito pode constituir a verdadeira ciência do homem",[61] há uma inversão entre sujeito e dado,[62] o primeiro não mais constitui o segundo, mas se constitui nele, a questão aqui, passa a ser: "como o sujeito se constitui no dado?". A estrutura do conceito de subjetividade não mais aparece como fundamento para o saber (empirismo), mas como processo de constituição de um mundo prático. Tal projeto terá sua maior importância e riqueza em *O anti-Édipo*, visto que permite Deleuze e Guattari pensarem sobre "a natureza dos vínculos entre o *pathos* e o *socius* a partir de uma perspectiva de tentativa de renovação da crítica ao capitalismo animada pelos movimentos de maio de 1968".[63] Esta visão consegue dar sustentação a um projeto central do pensamento filosófico francês de sua época: a elevação do corpo à condição de dispositivo central da política.

> Acreditamos ter encontrado a essência do empirismo no problema preciso da subjetividade. Mas, primeiramente, cabe perguntar como esta se define. O sujeito se define por e como um movimento, movimento de desenvolver-se a si mesmo. O que se desenvolve é sujeito. [...] Porém, cabe observar que é duplo o movimento de desenvolver-se a si mesmo ou de devir outro: o sujeito se ultrapassa, o sujeito se reflete. [...] Em resumo, crer e inventar, eis o que faz o sujeito como sujeito.[64]

Ora, Deleuze afirma, em sua leitura de Hume, que o sujeito não é quem constitui o campo da experiência, mas aquilo que é

---

61 DELEUZE, Gilles. *Empirismo e subjetividade*. Tradução de Luiz B. L. Orlandi. São Paulo: Editora 34, 2001, p. 4.
62 Sobre o "dado": "nos diz Hume, é o fluxo do sensível, uma coleção de impressões e de imagens, um conjunto de percepções. É o conjunto do que aparece, o ser igual à aparência, é o movimento, a mudança, sem identidade nem lei" (DELEUZE, 2001).
63 SAFATLE, Vladimir. *Op. Cit.* p. 9.
64 DELEUZE, Gilles. *Empirismo e subjetividade*. *Op. Cit.* p. 76.

constituído no interior da experiência. O sujeito é, assim, aquele através da qual os princípios gerais de associação são afetados pelas paixões no interior da imaginação, sintetizando um conjunto caótico de imagens e impressões dispostas como um fluxo,[65] o que permite uma crítica da subjetividade constitutiva própria das filosofias do sujeito, que concebem a consciência como um fundamento do saber. Apenas no encontro com os dados empíricos que uma faculdade é forçada a dar uma resposta, a interpretar e a compreender aquilo que lhe afeta. O pensar surge do encontro com o impensável, não é algo dado que informa ao sujeito o que poderá ser constituído em termos de pensamento. Não há identidade e, por conseguinte, não há representação.

Em suma, os problemas, são forças exercidas sobre uma faculdade, que podem ter como resposta apenas o que caracteriza a faculdade em seu operar mais fundamental, a criação conceitual. "Essa é uma das ideias diretrizes encontradas em Diferença e Repetição, que somente elevando ao caráter transcendental o empirismo, somente ultrapassando a simples ideia de que os conceitos surgem do encontro com algo, é que estamos em condições de saber sobre as condições, os alcances e os limites da atividade conceitual".[66] Ainda, depreende-se que uma crítica ao racionalismo e criticismo que não analisa um aspecto fundamental da experiência, a singularidade. Toda experiência é singular, posto que segue um princípio de diferenciação interna que a anima.

1.3. Substância, afectos e forma subjetividade

> "Na liberação da forma, como a quer toda arte genuinamente nova [e isto vale profundamente para a música], encontramos, antes de tudo, a cifra da liberação da sociedade; pois a forma, a coerência estética

---
65 SAFATLE, Vladimir. *Op. Cit.* p. 56-57.
66 GALLINA, Simone F. da Silva. *Deleuze e Hume:* experimentação e pensar. Revista Philósophos, jan./jun., 2007, p. 124.

(ästhetische Zusammenhag) dos singulares (Einzelnen), representa, na obra de arte, a relação social. Por isto, o estabelecido fica escandalizado com a forma liberada." (Adorno)

O ser é Unívoco porquanto possui uma essência única, uma potência única: a intensidade, os devires. São as intensidades que perpassam de um plano a outro. A intensidade é uma hecceidade,[67] que se compõe com outros graus, outras intensidades para formar um outro indivíduo. É como na física quântica, as interações entre o Campo de Higgs e o Plano perceptível são feitas através das intensidades que variam de um plano para outro. É essa intensidade variável que determina a massa das partículas e as suas diferenças ou, no caso da filosofia deleuziana, que determinam o ser, que formam o indivíduo.

O plano de imanência, neste passo, é a paisagem ou o campo em que se tecem as imagens que o pensamento se dá, do que significa pensar, fazer uso do pensamento, se orientar no pensamento. Assim, o plano de imanência seria o impensado do/no pensamento, como "um deserto movente que os conceitos vêm a povoar",[68] atualizando o movimento infinito das substâncias, através das intensidades, no qual se deslocam os pensamentos enquanto puras variações. Assim, as ideias não morrem. Eles podem então mudar de aplicação e de estatuto, podem até mudar de forma e de conteúdo, mas guardam algo de essencial, no encaminhamento, no deslocamento, na repartição de um novo domínio. As ideias sempre voltam a servir, porque sempre serviram, mas de modos atuais e diferentes.

---

67 Hecceidade é o modo de individualização, o caráter particular, que se diferencia da pessoa, de um sujeito, uma coisa ou uma substância. Hecceidade é relação de movimento e de repouso entre moléculas ou partículas, poder de afetar e ser afetado. Deleuze expõe que "hecceidades que não são simples arranjos, mas individuações concretas valendo por si mesmas e comandando a metamorfose das coisas e dos sujeitos" (DELEUZE, 2012).
68 DELEUZE, Gilles; GUATTARI, Félix. *O que é filosofia? Op. Cit.* p. 51.

Com efeito, explica Deleuze que as relações dos seres entre si não são apenas "objeto de ciência, mas também objeto de sonho, objeto de simbolismo, objeto de arte ou de poesia, objeto de prática e de utilização prática. Por outro lado, as relações dos animais entre si são tomadas em relações do homem com o animal, do homem com a mulher, do homem com a criança, do homem com os elementos, do homem com o universo físico e microfísico".[69] Então, a individuação de uma vida não é a mesma que a individuação do sujeito que a leva ou a suporta. Não é o mesmo tempo e não são os mesmos planos.

Em todo caso, o puro plano de imanência, de univocidade, de composição, onde tudo é dado, em que surgem os elementos e matérias não formados que só se distinguem pela velocidade, e que entram nesse ou naquele agenciamento de acordo com suas conexões e relação de movimento. A questão não é da organização ou da diferenciação, mas da composição, do movimento e repouso, da velocidade e da lentidão. Plano de consciência povoado por uma matéria anônima, parcelas infinitas de uma matéria impalpável que entra em conexões variáveis.

Explica Deleuze:

> As crianças são espinosistas. Quando o pequeno Hans fala de um "faz pipi", não é um órgão nem uma função orgânica; é antes um material, isto é, um conjunto de elementos que varia de acordo com suas conexões, suas relações de movimento e repouso, os diversos agenciamentos individuados onde ele entra. (...) As meninas têm evidentemente um faz-pipi, pois elas fazem pipi efetivamente: funcionamento maquínico mais do que função orgânica. Simplesmente, o mesmo material não tem as mesmas conexões, as mesmas relações de movimento e repouso, não entra no mesmo agenciamento no menino e na menina (uma menina não faz pipi de pé e nem para longe)

---

69   DELEUZE, Gilles; GUATTARI, Félix. *Mil platôs*: capitalismo e esquizofrenia. Volume 4. *Op. Cit.* p. 14.

(...) Mas não é absolutamente porque o órgão é vivido como objeto parcial. É porque o órgão será exatamente aquilo que seu elementos farão dele de acordo com sua relação de movimento e repouso, e a maneira como essa relação compõe-se ou decompõe-se com a dos elementos vizinhos. Não se trata de animismo, não mais do que de mecanismo, mas de um maquinismo universal: um plano de consistência ocupado por uma imensa máquina abstrata com agenciamentos infinitos.[70]

A etologia deleuzo-guattariana, é justamente a definição de um corpo por seus afectos, por seus agenciamentos. "Assim como evitávamos definir um corpo por seus órgãos e suas funções, evitamos defini-lo por características Espécie ou Gênero: procuramos enumerar seus afectos. Chamamos 'etologia' tal estudo, e é nesse sentido que Espinosa escreve uma verdadeira Ética".[71] Os afectos circulam e transformam-se no meio do agenciamento: O que "pode" um homem.

O ser é longitude e latitude, um conjunto de velocidades e lentidões entre partículas não formadas, um conjunto de afectos não subjetivados. Não se acreditará que a hecceidade consista simplesmente num cenário ou num fundo que situaria os sujeitos, nem em apêndices que segurariam as coisas e as pessoas no chão. É todo o agenciamento em seu conjunto individuado que é uma hecceidade; é ele que se define por uma longitude e uma latitude, por velocidades e afectos, independentemente das formas e dos sujeitos que pertencem tão somente a outro plano.

Ocorre que há outro plano. Capturado pelos aparelhos, ferramentas, apetrechos que intervêm sempre no Plano da Natureza. É este plano que organiza, anula os devires e fecha-os em alguma forma. Há o plano de consistência ou de composição das hecceidades num caso, que só conhece velocidades e

---
70 Ibid., p. 43.
71 Ibid., p. 44.

afectos; plano inteiramente outro das formas, das substâncias e dos sujeitos. E, ainda, há o plano de transcendência, ou plano teológico. Ele não é o mesmo espaço nem o mesmo tempo ou a mesma temporalidade. "Aion, que é o tempo indefinido do acontecimento, a linha flutuante que só conhece velocidades, e ao mesmo tempo não para de dividir o que acontece num já-aí e um ainda-não-aí, um tarde-de-mais e um cedo-demais simultâneos, um algo que ao mesmo tempo vai se passar e acaba de se passar".[72] E, por outro lado o tempo de "Cronos, o tempo da medida, que fixa as coisas e as pessoas, desenvolve uma forma e determina um sujeito".[73] Em suma, a diferença não passa absolutamente entre o efêmero e o duradouro, nem mesmo entre o regular e o irregular, mas entre dois modos de individuação, dois modos de temporalidade.

Os planos são parte do mesmo todo, pois, como expõe o pensador:

> não paramos de passar de um ao outro, por graus insensíveis e sem sabê-lo, ou sabendo só depois. E que não paramos de reconstituir um no outro, ou de extrair um do outro. Por exemplo, basta afundar o plano flutuante de imanência, enterrá-lo nas profundezas da Natureza em vez de deixá-lo funcionar livremente na superfície, para que ele já passe para o outro lado, e tome o papel de um fundamento que não pode mais ser senão princípio de analogia do ponto de vista da organização, lei de continuidade do ponto de vista do desenvolvimento.[74]

É que há um plano de organização ou de desenvolvimento sobre o que Deleuze e Guattari vão chamar de estratificação: "as formas e os sujeitos, os órgãos e as funções são 'estratos'

---

72 Ibid., p. 51.
73 Id., Ibid.
74 Ibid., p. 57.

ou relações entre estratos".⁷⁵ Ele só é efeito de uma dimensão suplementar (n+1) daquilo que é dado. As formas e seus desenvolvimentos remetem a um plano que opera como unidade transcendente.

Ao contrário, o plano de imanência, consistência ou composição, implica uma desestratificação de toda a Natureza, inclusive pelos meios mais artificiais. O plano de consistência é o corpo sem órgãos. As puras relações de velocidade e lentidão entre partículas, tais como aparecem no plano de consistência, implicam movimentos de desterritorialização, como os puros afectos implicam um empreendimento de dessubjetivação.⁷⁶

Ademais, Deleuze enfatiza, o plano de consistência não preexiste aos movimentos de desterritorialização que o desenvolvem, às linhas de fuga que o traçam e o fazem subir à superfície, aos devires que o compõem. Desta forma o plano de organização não para de trabalhar sobre o plano de consistência, tentando sempre tapar as linhas de fuga, parar ou interromper os movimentos de desterritorialização, lastreá-los, reestratificá--los, reconstituir formas e sujeitos em profundidade. Inversamente, o plano de consistência não para de se extrair do plano de organização, de levar partículas a fugirem para fora dos estratos, de embaralhar as formas a golpe de velocidade ou lentidão, de quebrar as funções à força de agenciamentos, de microagenciamentos.⁷⁷ Neste sentido:

> Ao menos Proust o mostrou de uma vez por todas: como sua individuação, coletiva ou singular, não procede por subjetividade, mas por hecceidade, pura hecceidade. "Seres de fuga". São puras relações de velocidades e lentidões, nada além disso. Uma moça está atrasada por velocidade: ela fez coisa demais, atravessou muitos espaços em relação

---

75 Ibid., p. 57.
76 Ibid., p. 62.
77 Ibid., p. 63.

ao tempo relativo daquele que a esperava. Então, a lentidão aparente da moça transforma-se em velocidade louca de nossa espera. A esse respeito, e para o conjunto da Recherche du temps perdu, é preciso dizer que Swann não está absolutamente na mesma situação que o narrador. Swann não é um esboço ou precursor do narrador, a não ser secundariamente, e em raros momentos. Eles não estão absolutamente no mesmo plano. Swann não pára de pensar e sentir em termos de sujeito, de forma, de semelhança entre sujeitos, de correspondência entre formas. Uma mentira de Odette é para ele uma forma cujo conteúdo subjetivo secreto deve ser descoberto, e suscitar uma atividade de policial amador. A música de Vinteuil é para ele uma forma que deve lembrar outra coisa, rebater-se sobre outra coisa, fazer eco a outras formas, pinturas, rostos ou paisagens. Enquanto que o narrador, por mais que tenha seguido os traços de Swann, não deixa de estar num outro elemento, num outro plano. Uma mentira de Albertine não tem mais conteúdo algum; ela tende, ao contrário, a confundir-se com a emissão de uma partícula saída dos olhos da amada, e que vale por ela mesma, que anda depressa demais no campo visual ou auditivo do narrador, velocidade molecular insuportável na verdade, pois indica uma distância, uma vizinhança onde Albertine gostaria de estar e já está.[78]

Com efeito, os planos podem ser analisados como se os dois, ou as duas concepções do plano, se opusessem claramente e absolutamente, mas, explica Deleuze, apenas de uma maneira abstrata, pois tratam do mesmo real. Nesta linha de raciocínio, dir-se-á que há duas proposições que diferem os planos: 1) O plano de organização-desenvolvimento, na qual as formas desenvolvem-se, sujeitos formam-se, em função de um plano que só pode ser inferido; 2) Plano de consciência (ou composição) onde só há velocidades e lentidões entre elementos não formados, e afectos

---

[78] Ibid., p. 64-65.

entre potências não subjetivadas, em função de um plano que é necessariamente dado ao mesmo tempo que aquilo que ele dá.[79] É deste modo que Deleuze, a partir de seu livro sobre Nietzsche, insiste que a devida crítica da razão deve ser, também, uma análise minuciosa às formas de vida que visam realizar socialmente categorias determinantes (autonomia, livre escolha, consciência, entre outros), bem como categorias normativas capazes de fornecer as condições de possibilidade para a enunciação de julgamentos racionais. Safatle expõe que, neste sentido, todas as categorias:

> estão vinculadas ao Eu como forma *a priori* dos processos de síntese e reflexão. *Diferença e repetição* dedicava várias páginas à crítica ao Eu como fundamento dos modos racionais de estruturação e organização; isto a ponto de definir a tarefa filosófica da contemporaneidade como a exigência de pensar um campo transcendental desprovido de toda egocidade.[80]

Desta forma, o pensamento de Nietzsche estabelece uma ordem filosófica anti-humanista da crítica deleuziana do sujeito e da consciência, pois:

> com Nietzsche acontece a mesma coisa com outros meios. Não há mais o desenvolvimento de formas nem formação de sujeitos. O que recrimina em Wagner é ter ainda preservado um excesso de forma de harmonia, e um excesso de personagens de pedagogia, de "temperamentos". Parece-nos que, em Nietzsche, o problema não é tanto o de uma escrita fragmentária. É mais o das velocidades ou lentidões: não se trata de escrever lenta ou rapidamente, mas que a escrita, e todo o resto, sejam produção de ve-

---
79 Ibid., p. 59-60.
80 SAFATLE, Vladimir. *Deleuze e Guattari*: Gênese e estrutura do projeto "capitalismo e esquizofrenia". Curso Teoria Das Ciências Humanas III. São Paulo: Faculdade De Filosofia, Letras e Ciências Humanas. 2º Sem. de 2015. Notas do curso.

locidades e lentidões entre partículas. Nenhuma forma resistirá a isso, nenhum caráter ou sujeito sobreviverá a isso. Zaratustra só tem velocidades e lentidões, e o eterno retorno, a vida do eterno retorno, é a primeira grande liberação concreta de um tempo não pulsado. Ecce Homo só tem individuações por hecceidades. É forçoso que o Plano, sendo assim concebido, fracasse sempre, mas que os fracassos façam parte integrante do plano: cf. a multidão de planos para A vontade de potência. Com efeito, dado um aforisma, será sempre possível, e mesmo necessário, introduzir entre seus elementos novas relações de velocidade e lentidão que o fazem verdadeiramente mudar de agenciamento, saltar de um agenciamento para um outro (a questão não é, portanto, a do fragmento).[81]

Entretanto, essa crítica do Ser deve se desenvolver em um campo empírico da prática social, visto que, para Deleuze, o Eu do discurso filosófico moderno é aquilo que, ao fundo, é decalcado do Eu psicológico. Neste passo, o Eu é, em suma, o resultado de diversos processos de socialização e individuação. Então, ensina Deleuze, a crítica deve passar à reflexão sobre os processos de socialização hegemônicos nas sociedades capitalistas contemporâneas.[82]

Por outro lado, ao colocar a reflexão sobre o desejo e seu destino no cerne de uma reflexão sobre o social, Deleuze e Guattari não faziam outra coisa que realizar aquilo que Deleuze havia afirmado em seu primeiro livro sobre David Hume: "somente uma psicologia das afecções pode constituir a verdadeira ciência do homem".[83] O que mostraria a coerência profunda entre o passional e o social. A riqueza de *O anti-Édipo* está exatamente aqui, no fato de ter realizado o projeto de pensar a natureza dos

---

81 DELEUZE, Gilles. GUATTARI, Félix. *Mil platôs*: capitalismo e esquizofrenia. Volume 4. Op. Cit. p. 61.
82 SAFATLE, Vladimir. *Deleuze e Guattari. Op. Cit.* Notas do curso.
83 DELEUZE, Gilles. *Empirismo e subjetividade. Op. Cit.* p. 4.

vínculos entre o *pathos* e o *socius* a partir de uma perspectiva de tentativa de renovação da crítica ao capitalismo animada pelos movimentos de maio de 1968.[84]

A psicanálise não é apenas uma prática clínica, mas uma verdadeira cultura que constituiu nossos modos de compreensão de afetos e conflitos. Uma nova gramática dos afetos nasceu com ela, que moldou, de maneira decisiva, a autopercepção do sujeito contemporâneo. Não apenas nossa visão de família, sexualidade, moralidade e corpo são incompreensíveis sem a referência à psicanálise, mas muito de nossa imaginação empresarial, pedagógica, literária e cinematográfica foi marcada pela psicanálise. Assim, se o capitalismo é não apenas um sistema econômico, mas uma forma de vida, há de se perguntar se a psicanálise com sua cultura terapêutica não seria peça importante para a consolidação dos modos de gestão social presentes no capitalismo.

Em suma, Deleuze expõe, entre as formas substanciais e a forma subjetividade há todo um exercício de transporte de locais e, ainda, um jogo de intensidades, acontecimentos, agenciamentos, que compõe individualizações (singularidades), inteiramente diferentes daquelas dos sujeitos bem formados que as recebem.

---

84 SAFATLE, Vladmir. *Curso introdução à experiência intelectual de Deleuze. Op. Cit.* p. 10.

2
DELEUZE, FILÓSOFO DAS CONTRADIÇÕES SOCIAIS E DESEJANTES

"No fundo, os processos de singularização não podem ser afetados especificamente nem num nível macrossocial, nem num nível microssocial, nem tampouco num nível individual. É por isso que prefiro falar de 'processo de singularização', em vez de singularidade e, ainda uma vez, sem fazer uma apologia dos processos de singularização, pois eles podem entrar em toda espécie de modalidade de sistemas de recuperação, de sistemas de modelização. Toda problemática micropolítica consistiria, exatamente, em tentar agenciar os processos de singularidade no próprio nível de onde eles emergem. E isso para frustrar sua recuperação pela produção de subjetividade capitalística - seja pela grande rede dos equipamentos coletivos, seja por estruturas do tipo que você evocou de reapropriação pela ação militante. A ação militante também está exposta a riscos de modelização: a alternativa, por

exemplo, pode ser uma modelização igualmente opressora, mas de uma outra forma. Então, uma micropolítica analítica das singularidades teria que atravessar essas diferentes estratificações, esses diferentes níveis." (Félix Guattari)

Como já afirmado, a filosofia de Deleuze é dotada de uma prática política intensa, em todo seu pensamento pode se perceber a pretensão à defesa de causas políticas, tanto pontuais quanto gerais. Ora, é o próprio Deleuze que explica esta necessidade de filosofar sobre política e, mais ainda, de fazer isto na prática. Ele afirma que, para o filósofo da imanência e do Uno, não há saída que não seja encontrar o domínio político, já que o mundo da imanência ontológica é um mundo essencialmente anti-hierárquico, que no "fundo é uma espécie de anarquia".[1] É com este sentimento contra o sistema vigente que o pensamento deve encontrar o domínio político, "é a maneira em que pensam o estado, já não é mais a relação de alguém que manda e outros que obedecem".[2]

A filosofia, conforme já citado, não é uma reflexão sobre, não se trata meramente de metalinguagem, metadiscurso, ela não tem por objetivo desenvolver critérios de legitimação de outros saberes. A filosofia está no mesmo plano que os outros saberes e que estes não precisam de confirmação.

Neste passo, é preciso combater a filosofia como metadiscurso, bem como transcendental em todas as formas de pensamento. Para contrapor tais discursos da filosofia, Deleuze utiliza colagens filosóficas, buscando fundamentos principalmente em Espinosa, Bergson, Leibniz e Nietzsche, para fixar novamente a filosofia na mais pura imanência, para resumir a filosofia em criação, produção de pensamento (filosóficos ou não).

---

1 DELEUZE, Gilles. *Curso sobre Spinoza (Vincennes 1978-1981)*. Tradução de Emanuel Angelo da Rocha Fragoso e Hélio Rebello Cardoso Junior. Ceará: Ed. UECE, p. 27.
2 Ibid., 29.

Assim, o filósofo não legisla sobre algo, não reflete sobre algo, mas cria, desenvolve conceitos. O que, por consequência, importa que a filosofia não releva nada, seu objeto não está dado, não está na identidade. Deve fazer nascer algo que não existia, algo novo. O filósofo não discute, não discorda, o filósofo cria. A prática ou empiria do filósofo consiste em apreender nas monografias filosóficas aquilo que Deleuze faz voltar como puros estados intensivos da força anônima do pensamento, com intuito de afirmar a própria Diferença da filosofia enquanto tal. Engendrada com a anárquica diferença, a filosofia empreende a exclusão de todos os princípios transcendentes que pode haver encontrado em sua história para se adaptar às formas de deus, do mundo e do eu. Quando a filosofia afirma a imanência como a única condição que lhe permite recriar seus conceitos como "as próprias coisas, mas as coisas em estado livre e selvagem, para além dos 'predicados antropológicos'".[3] Neste passo, é preciso reivindicar sempre a imanência: isto faz o pensamento parecer mais pessoal, é um pensamento sem falta e sem negação, que retira sistematicamente qualquer visão de transcendência, qualquer que seja a forma dela.

Montar um plano de imanência, traçar um campo de imanência, foi feito por todos os autores dos quais Deleuze se ocupa, o próprio Kant, de certa forma, também vai de encontro à desconstrução da transcendência, quando denuncia o uso transcendente das sínteses, embora se limite à experimentação do possível e não à experimentação do real, não conseguindo chegar a imanência absoluta.

> Não há universais, não há transcendência, não há Um, não há sujeito (nem objeto), não há Razão, há somente processos que podem ser de unificação, de subjetivação, de racionalização. Estes processos operam em multiplicidades

---
3 ALLIEZ, Éric. *Deleuze*: filosofia virtual. Tradução de Heloisa B. S. Rocha. São Paulo: Editora 34, 1996, p. 13. Versão digital.

concretas, como máquinas, é a multiplicidade o verdadeiro elemento no qual alguma coisa se transforma ou se acopla em outra, sem, contudo, perder sua potência. São as multiplicidades que povoam o campo da imanência, um pouco como as tribos povoam o deserto sem que ele deixe de ser um deserto. E o plano de imanência deve ser construído, a imanência é um construtivismo, cada multiplicidade assinalável é como uma região do plano.[4]

Deleuze, explica assim, que todos os processos se produzem sobre um plano de imanência, através de uma multiplicidade passível de ser assinalada: "as unificações, subjetivações, racionalizações, centralizações não têm nenhum privilégio, trata-se muitas vezes de impasses ou de barreiras que impedem o crescimento da multiplicidade, o prolongamento ou o desenvolvimento das suas linhas, a produção do novo".[5]

Certamente que há fenômenos de falta, mas é em função de um abstrato, do ponto de vista de uma transcendência, que seria somente aquela de um Eu, cada vez que se está impedido de construir um plano de imanência. Os processos são os devires, e estes não se julgam pelo resultado final, mas pela qualidade do seu curso e a potência da sua continuação: assim os tornar-se animais, ou as individuações não subjetivas. Foi neste sentido que opõe os rizomas e suas transformações em detrimento às árvores ou processos de arborização. Não existem universais, somente singularidades. Um conceito não é um universal, mas um conjunto de singularidades, onde cada uma se prolonga até a vizinhança da outra. É isto que acontece no plano da imanência: as multiplicidades o povoam, as singularidades se conectam, os processos ou os devires se desenvolvem, as intensidades sobem ou descem.[6] É, deste modo, que a filosofia deve se ocupar na criação de conceitos.

---

4   DELEUZE, Gilles. *Conversações. Op. Cit.* p. 182.
5   DELEUZE, Gilles. *Signos e acontecimentos*. Entrevista realizada por Raymond Bellour e François Ewald apud ESCOBAR, Carlos Henrique (Org.). *Op. Cit.* p 20.
6   Ibid., p. 21-23.

A filosofia consiste sempre em inventar conceitos. Eu nunca tive preocupações no que diz respeito a um ultrapassamento da metafísica ou uma morte da filosofia. A filosofia tem uma função que permanece perfeitamente atual, criar conceitos. Ninguém o pode fazer em seu lugar. Logicamente que a filosofia sempre teve seus rivais, desde os "rivais" de Platão até o bufão de Zaratustra. Hoje é a informática, a comunicação, a promoção comercial que se apropria das palavras "conceito" e "criativo", e estes "conceituadores" constituem uma raça insolente que exprime o ato de vender como pensamento supremo capitalista, o cogito da mercadoria. A filosofia sente-se pequena e só perante tais potências, mas se lhe acontecer de morrer, pelo menos será de rir.[7]

Ademais, há uma relação necessária entre a filosofia, compreendida em sua utilidade, através de seus conceitos, e de uma compreensão não filosófica que deve se operar por afetos e percepções. A filosofia está numa relação essencial e positiva com a não filosofia: ela dirige-se diretamente aos não filósofos. "Peguem o caso mais espantoso, Espinosa: é o filósofo absoluto e a Ética é o grande livro do conceito. Mas, ao mesmo tempo, o filósofo mais puro é aquele que se dirige estritamente a toda a gente: não importa quem pode ler a Ética, ela se deixa penetrar suficientemente por este vento, este fogo. Ou então Nietzsche. Aí existe, ao contrário, um excesso de saber que mata o vivo na filosofia. A compreensão não filosófica não é insuficiente ou provisória, ela é uma das duas metades, uma das duas ajudas".[8]

Vale ressaltar sobre este ponto que, conforme Deleuze explica, o próprio criar não se resume apenas em comunicar, mas, sobretudo, em resistir. Há um laço profundo entre os signos, o acontecimento, os afetos, a vontade de potência, os devires, a vida. É a potência de uma vida não orgânica, é a essência daqueles que não podem ser captados por uma linha de desenho,

---

7 ESCOBAR, Carlos Henrique (Org.). *Op. Cit.* p 10.
8 Ibid., p. 13-14.

de escrita, de música. São estes organismos que não morrem, que lutam contra todas as formas de morte, de fascismo, de normalismo, de poder. Tudo o que Deleuze escreve é, em sua essência, algo vitalício, um Ode à vida, que constitui uma teoria dos signos e do acontecimento.

A filosofia cria conceitos, que por sua vez devem estar em relações formando uma totalidade. Deleuze explica que sua filosofia é, em última análise, um sistema de relações entre conceitos criados de duas maneiras diferentes: por um lado, conceitos oriundos, provenientes, extraídos da própria filosofia, isto é, de filósofos privilegiados em suas leituras – principalmente Espinosa, Nietzsche e Bergson – e, por outro lado, conceitos suscitados, sugeridos, pela relação entre conceitos filosóficos e elementos não conceituais provenientes de domínios exteriores à filosofia.

Assim, no procedimento filosófico de Deleuze, a literatura, as ciências e as artes estão a serviço da própria filosofia, ou da criação de conceitos. Se não há reflexão sobre, mas pensamento a partir, ou melhor, com, e se a filosofia é especificamente o domínio dos conceitos, pensar a exterioridade da filosofia é estabelecer ressonâncias, conexões, agenciamentos entre conceitos filosóficos e elementos não conceituais dos outros saberes que, integrados ao discurso filosófico, são transformados em conceitos.[9]

Roberto Machado explica que se pode, desta forma, resumir a concepção do pensamento filosófico de Deleuze a partir de três elementos distintos por natureza e que são encontrados, também, nas outras esferas do saber (arte e ciência): "o conceito, o plano de imanência e o personagem conceitual, que correspondem, no pensamento científico, à função, ao plano de referência e ao observador parcial e, no pensamento artístico, à sensação, ao plano de composição e à figura estética".[10]

---
9 MACHADO, Roberto. *Op. Cit.* p. 13.
10 Ibid., p. 18.

O conceito é um todo fragmentado, uma multiplicidade de componentes, eles mesmos conceituais, heterogêneos, mas inseparáveis, intrinsecamente relacionados, agrupados em zonas de vizinhança, indiscernível. Como, por exemplo, o conceito cartesiano de eu ou de cogito – "penso, logo sou" –, que tem três componentes: duvidar, pensar, ser. Mas Deleuze não reduz a filosofia ao conceito, ou melhor, não considera o conceito o único elemento da filosofia. Se ele define em seus últimos escritos sua filosofia como um construtivismo, é no sentido de que, se os conceitos precisam ser criados, a criação de conceitos é uma construção sobre um plano, ou filosofar, além de criar conceitos, é também traçar um plano.[11]

O referido autor segue informando que, para Deleuze, é um plano rizomático, pois "o plano de consistência, ou de imanência dos conceitos é um todo não fragmentado, aberto, informe, ilimitado, que é o suporte onde os conceitos, que o preenchem, se repartem, se distribuem".[12] Os conceitos existem relativamente ao plano sobre os quais eles se delimitam, aos problemas que eles devem responder. O plano é a própria imagem do pensamento, a imagem que a filosofia cria do que significa pensar. A esse respeito, o exemplo de Deleuze também retoma uma ideia de *Diferença e repetição*: para Descartes, todo mundo sabe o que significa pensar, todo mundo tem a capacidade de pensar, todo mundo quer a verdade.[13] Neste passo, mesmo se o plano é único no âmbito de uma filosofia, cada grande filósofo traça um novo plano, mudando o que significa pensar.

Não obstante, deve ser ressaltado que, para haver filosofia é necessário, além do conceito e do plano de imanência, haja um terceiro elemento, que ocupa uma posição intermediária entre

---

11 Id. *A geografia do pensamento filosófico*. Disponível em: <http://deleuze.tausendplateaus.de/wp-content/uploads/2014/10/A-geografia-do-pensamento-filos%C3%B3fico-­Artigo-de-Roberto-Machado.pdf>. Acesso em: 02 fev. 2015, p. 18.
12 Ibid., p. 19.
13 Id., Ibid.

os dois primeiros, criando uma coadaptação entre eles. É preciso um personagem conceitual tanto para criar conceitos quanto para traçar o plano. Os personagens conceituais são personagens intrínsecos ao pensamento, uma categoria transcendental que é a própria condição do pensamento. Potências de conceitos que operam sobre um plano de imanência, elas são as condições sob as quais cada plano é preenchido por conceitos. Desta forma, expõe Machado:

> Por exemplo, Deleuze considera que o personagem conceitual do kantismo é o juiz, o legislador, no sentido de que Kant faz do filósofo um juiz e da razão um tribunal onde se julga o que cabe de direito ao pensamento. Assim, mesmo se o personagem conceitual não aparece explicitamente, ele está presente em toda filosofia, pois é o verdadeiro sujeito de uma filosofia, o verdadeiro agente de enunciação: o intercessor do filósofo.[14]

Neste passo, a filosofia deleuziana inova na radicalidade de uma ontologia especulativa que estabelece uma linha de fuga sem contorno. Dando, assim, a possibilidade de um materialismo filosófico, enfim revolucionário. Tal conceituação permite um materialismo ideal do acontecimento puro, indefinidamente múltiplo e singularmente universal, que se aplicam perfeitamente a essas filosofias postas em devir por Deleuze. Pensamento-Acontecimento ou, através de Nietzsche e Bergson enfim reunidos, "criação" de pensamento que procede por virtualização.[15]

Desta maneira, pode se qualificar, por todo o exposto, um movimento de "dessubstanciação" e de "problematização" da história da filosofia operado por Deleuze sob o nome de desterritorialização, tornar-se virtual. Este procedimento, como indica Pierre Lévy, consiste antes de tudo em transformar "a

---

14 MACHADO, Roberto. *Deleuze, a arte e a filosofia*. Op. Cit. p. 19.
15 ALLIEZ, Éric. *Op. Cit.* p. 13.

atualidade inicial em caso particular de uma problemática mais geral, sobre a qual é doravante colocado o acento ontológico. Isso fazendo, a virtualização fluidifica as distinções instituídas, aumenta os graus de liberdade, cava um vazio motor...".[16]

Ora, assim, tudo se passa como se a desterritorialização deleuziana elevasse os "autores" à potência de flutuantes nós de acontecimentos em interface recíproca e reciprocamente envolvidos num único e mesmo plano de imanência. "Tantos autores, tantos agenciamentos suscetíveis de se atualizarem nas figuras e nas questões mais diversas: da filosofia como arte dos agenciamentos de que dependem os 'princípios' (e não o inverso...), criação problematizante que coincide com a emergência do novo, que não tem por sujeito senão o virtual, cujo ato não é senão um complemento ou um produto".[17]

Mas havia algo mais no projeto de Deleuze e Guattari e que faz de "Capitalismo e esquizofrenia" uma experiência intelectual única, pois deixa claro um dos pressupostos maiores do projeto, a saber, a ideia de que uma teoria do desejo é, necessariamente, uma teoria dos modos sociais de produção e que, por consequência, uma teoria da transformação dos modos sociais de produção só pode ser uma teoria da transformação do desejo.

É fato que todo marxista ortodoxo acharia tal teoria um absurdo, lembrando, sempre, que a teoria dos modos de produção deve ser compreendida como expressão dos regimes sociais de trabalho. De certo modo, é verdade que existe, para Deleuze e Guattari, uma modificação na centralização da forma social que se desloca da categoria de trabalho à categoria de desejo.[18] Como dirá

---

16 Ibid., p. 14.
17 Ibid., p. 15.
18 "(...) O capital é, sem dúvida, o corpo sem órgãos do capitalista, ou melhor, do ser capitalista. Mas, como tal, ele não é apenas substância fluida e petrificada do dinheiro: é que ele vai dar à esterilidade do dinheiro a forma sob a qual este produz dinheiro. Ele produz a mais-valia, como o corpo sem órgãos se reproduz a si próprio, floresce e se estende até aos confins do universo; encarrega a máquina de fabricar uma mais-valia relativa, ao mesmo tempo em que nela se encarna como capital fixo. E é no capital que se engancham

Guattari em conceitualização marxista, o desejo não deve ser considerado como uma superestrutura subjetiva, mas como elemento fundador da infraestrutura.[19] Deste modo, é possível expor que:

> Na verdade, a produção social é unicamente a própria produção desejante em condições determinadas. Dizemos que o campo social é imediatamente percorrido pelo desejo, que é o seu produto historicamente determinado, e que a libido não tem necessidade de mediação ou sublimação alguma, de operação psíquica alguma, e de transformação alguma, para investir as forças produtivas e as relações de produção. Há tão somente o desejo e o social, e nada mais. Mesmo as mais repressivas e mortíferas formas da reprodução social são produzidas pelo desejo, na organização que dele deriva sob tal ou qual condição que deveremos analisar. Eis porque o problema fundamental da filosofia política é ainda aquele que Espinosa soube levantar (e que Reich redescobriu): "Por que [37] os homens combatem por sua servidão como se se tratasse da sua salvação?".[20]

Nesta esteira, para os autores de *O anti-Édipo* não é possível explicar a racionalidade da forma econômica e da forma política de determinada sociabilidade sem compreender os elos constitutivos da subjetividade que submetem os indivíduos, por vontade própria, a suas instituições e normatizações. É, deste

---

as máquinas e os agentes, de modo que seu próprio funcionamento é miraculado por ele. É objetivamente que tudo parece produzido pelo capital enquanto quase-causa. Como diz Marx, no começo os capitalistas têm necessariamente consciência da oposição do trabalho e do capital, e do uso do capital como meio de extorquir sobretrabalho. Mas depressa se instaura um mundo perverso enfeitiçado, ao mesmo tempo em que o capital tem o papel de superfície de registro que se assenta sobre toda a produção (fornecer mais-valia, ou realizá-la, eis o direito de registro). (...) E, aqui, o que é especificamente capitalista é o papel do dinheiro e o uso do capital como corpo pleno para formar a superfície de inscrição ou de registro. Mas um corpo pleno qualquer – seja o corpo da terra ou o do déspota, seja uma superfície de registro, um movimento objetivo aparente, um mundo perverso enfeitiçado fetichista – sempre pertence a todos os tipos de sociedade como constante da reprodução social" (DELEUZE, Gilles; GUATTARI, Félix, 2010, p. 23-24).
19 SAFATLE, Vladimir. *Deleuze e Guattari*. *Op. Cit*. Notas do curso.
20 DELEUZE e GUATTARI. *O anti-Édipo*. *Op. Cit*. p. 46.

modo, que se pode afirmar a necessidade de defender que todo modo de produção social é, em breve síntese, um modo de inscrição social do desejo, de modo que os autores confirmam, com veemência, que só há desejo e social, nada mais. Contudo, importa salientar que, em *O anti-Édipo*, os pensadores vão além da mera reprodução do discurso da sujeição baseada na coerção dos indivíduos pela forma econômica ou jurídica. Não há, para eles, dominação que seja apenas uma questão de submissão pela força, pela autoridade ou pela lei, mas assujeitamento pela captura do desejo. É, justamente por isso, que pode-se compreender o gosto pelo discurso fascista, a satisfação pela violência, a excitação pela vingança. O que resulta na confirmação, reiterada, de que as massas não foram enganadas.[21] É, ao contrário do intuitivo, necessário ter em mente que as massas "desejaram o fascismo num certo momento, em determinadas circunstâncias, e é isso que é necessário explicar, essa perversão do desejo gregário".[22]

Trata-se, por conseguinte, compreender como se deseja o fascismo, quais motivos levam as massas a querer sua própria repressão, bem como quais são os afetos que mobilizam tal desejo, como eles são produzidos para que eles possam ser desativados e, deste modo, de fazer uma crítica às modalidades de registro e inscrição social do desejo que, por sua vez, impedem o devir emancipatório das formas de repressão.

---

21 "(...) As minhas experiências em análise do caráter convenceram-me de que não existe um único indivíduo que não seja portador, na sua estrutura, de elementos do pensamento e do sentimento fascistas. O fascismo como um movimento político distingue-se de outros partidos reacionários pelo fato de ser sustentado e defendido por massas humanas. Estou plenamente consciente da enorme responsabilidade contida nestas afirmações. Desejaria, para bem deste mundo perturbado, que as massas trabalhadoras estivessem igualmente conscientes da sua responsabilidade pelo fascismo. (...) Como o fascismo é sempre e em toda a parte um movimento; apoiado nas massas, revela todas as características e contradições da estrutura do caráter das massas humanas: não é, como geralmente se crê, um movimento exclusivamente reacionário, mas sim um amálgama de sentimentos de revolta e ideias sociais reacionárias" (REICH, Wilhelm, 1988, p. 12).
22 DELEUZE e GUATTARI. *O anti-Édipo. Op. Cit.* p. 47.

Neste sentido, o projeto do pensamento deleuziano, em especial aquele escrito em conjunto com Guattari, é uma peculiar crítica genealógica baseada na categoria de desejo, construída com o objetivo de fornecer uma análise dos múltiplos processos de alienação e, principalmente, fetichização social. A intenção é desvendar a "superfície encantada de inscrição, ou de registro, que atribui a si própria todas as forças produtivas e os órgãos de produção, e que opera como quase-causa, comunicando-lhes o movimento aparente (o fetiche)".[23;24] Desenvolve-se, assim, uma genealogia que não teme apelar, entre outros, aos procedimentos clássicos da filosofia social, como uma filosofia da história constituída, neste caso, a partir dos desdobramentos da forma-Estado. Por isso, é possível afirmar que o eixo fundamental aqui exposto é o de articular a crítica da economia política a uma crítica da antropologia filosófica do desejo.[25]

Deste modo, como insistirá Deleuze: "há apenas uma economia e que o problema de uma verdadeira análise antipsicanalítica é mostrar como o desejo inconsciente investe as formas dessa economia. A própria economia é que é economia política e economia desejante."[26] Assim, o autor fundamenta seu pensamento social ao demonstrar como o desejo inconsciente investe as formas da economia e, assim, completa, "a própria economia é que é economia política e economia desejante".[27]

---

23 Ibid., p. 24.
24 "Se o corpo pleno se assenta sobre as conexões produtivas e as inscreve numa rede de disjunções intensivas e inclusivas, é preciso ainda que ele reencontre ou reanime as conexões laterais nessa própria rede e as atribua a si próprio como se ele fosse a causa. São estes os dois aspectos do corpo pleno: [182] superfície encantada de inscrição, lei fantástica ou movimento objetivo aparente; mas também agente mágico ou fetiche, quase-causa. Não lhe basta inscrever todas as coisas; ele deve fazer como se as produzisse. É preciso que as conexões reapareçam sob uma forma compatível com as disjunções inscritas, mesmo se elas, por sua vez, reagem sobre a forma destas disjunções" (DELEUZE, Gilles; GUATTARI, Félix, 2010, p. 206).
25 SAFATLE, Vladimir. *Deleuze e Guattari. Op. Cit.* Notas do curso.
26 DELEUZE, Gilles. *A ilha deserta. Op. Cit.* p. 202.
27 Ibid., p. 202.

Deleuze e Guattari já haviam defendido tal tema em *O anti-Édipo*, ao relacionar a forma social e desejante com a economia política, pois:

> economia libidinal não é menos objetiva do que a economia política, e a política não é menos subjetiva do que a libidinal, se bem que ambas correspondem a dois diferentes modos de investimentos da mesma realidade social. Há um investimento libidinal inconsciente de desejo que não coincide necessariamente com os investimentos pré-conscientes de interesse, e que explica como estes podem ser perturbados, pervertidos na "mais sombria organização", sob qualquer ideologia.[28]

Maneira de mostrar como a economia política própria ao capitalismo, com seus processos de racionalização, é indissociável da procura em dar realidade social a um conceito de agente cuja compreensão exige a análise de seus modos de desejar, fundamento maior de seus modos de ser.

2.1. Formas sociais e forma-Estado

> *Se o povo não ri em praça pública, então "o povo se cala". Se um perigo ameaça a nação, então o povo cumpre o seu dever de salvá-la, mas sem levar muito a sério os slogans de um Estado de classe; seu heroísmo guarda uma certa ironia com relação aos palhas, o apelo emocional da verdade de Estado. É por essa razão que a ideologia de classe não pode jamais penetrar, com seus palhas e sua seriedade, no âmago da alma popular: ela se choca, em dado momento, com a barreira, para ela intransponível, da ironia e da alegoria degradante, com a centelha carnavalesca da imprecação alegre que demole tudo que é sério.* (Mikhail Bakhtin)

Em *O anti-Édipo*, Deleuze e Guattari definem três regimes de formação social através da tríade selvagens, bárbaros

---

28 DELEUZE e GUATTARI. *O anti-Édipo*. Op. Cit. p. 458.

e civilizados.²⁹ A primeira formação estaria caracterizada por uma forma específica de produção de corpos sociais através da elevação da terra a condição de princípio geral de inscrição, pois "a unidade primitiva, selvagem, do desejo e da produção é a terra".³⁰ Safatle assevera que, em suma, o conceito de "terra" não pode ser compreendido apenas como a descrição realista da posse do espaço ou da apropriação do solo, a territorialidade primitiva não é um princípio de residência ou de repartição geográfica. A terra é, num primeiro momento, o plano imanente de significação da formação social primitiva, por se tratar de uma máquina territorial imóvel que cobre todo o campo social. Neste modo, ela é a caracterização fundadora de um horizonte de significação imediatamente acessível.³¹

> a Terra é a grande estase inengendrada, o elemento superior à produção que condiciona a apropriação e a utilização comuns do solo. Ela é a superfície sobre a qual se inscreve todo o processo da produção, sobre a qual são registrados os objetos, os meios e as forças de trabalho, sobre a qual se distribuem os agentes e os produtos(...) Portanto, a máquina territorial é a primeira forma de socius, a máquina de inscrição primitiva, "megamáquina" que cobre um campo social.³²

Deleuze insiste em dizer que só se pode compreender, ao cabo, a lógica própria do corpo pleno da terra e seu desenvolvimento na sociabilidade do indivíduo abandonando o pensamento estruturalista de sociedades como sistemas de trocas,³³ ou seja, sociedades como estruturas compostas a partir de exi-

---
29 Cf. DELEUZE e GUATTARI. *O anti-Édipo*. *Op. Cit.* Capítulo III: Selvagens, bárbaros, civilizados, p. 185-348.
30 Ibid., p. 187.
31 SAFATLE, Vladimir. *Deleuze e Guattari*. *Op. Cit.* Notas do curso.
32 DELEUZE e GUATTARI. *O anti-Édipo*. *Op. Cit.* p. 187.
33 O modo de produção possui uma racionalidade imanente à vida social, por isso todo esquema do tipo infraestrutura/superestrutura perde sua eficácia explicativa.

gências próprias à circulação. Para o autor, como já visto, o *socius* não é estruturado pelo sistema econômico de troca mercantil, mas pelos registros e inscrições efetuadas nos corpos.[34] Desta feita, no sistema primitivo, as sociedades se estruturam sob o corpo plano da terra que desenvolvem um sistema de marcação corporal através do: "investimento coletivo de órgãos".[35] Ou seja, a significação social não é dada pela relação dos sujeitos a um sistema estrutural de posições que os distribuem e determina as relações possíveis, pelo contrário, a significação é dada pelos códigos corporais que definem os órgãos como se reportando imediatamente ao espaço coletivo da terra através das séries constituídas pelas relações de filiação e aliança. Não há órgãos privados neste corpo pleno, todo o corpo deve ser coletivo, a privatizações dos órgãos é o resultado das individuações em nossas sociedades modernas. É, neste sentido, que Deleuze e Guattari informa que "as unidades nunca estão nas pessoas, no sentido próprio ou 'privado', mas nas séries que determinam as conexões, as disjunções e as conjunções de órgãos".[36] Assim, "é o investimento coletivo de órgãos que liga o desejo ao *socius* e reúne num todo, sobre a terra, a produção social e a produção desejante".[37]

---

34 "A sociedade não se baseia na troca, o socius é inscritor: não trocar, mas marcar os corpos, que são da terra. Já vimos que o regime da dívida decorria diretamente das exigências desta inscrição selvagem. Porque a dívida é a unidade de aliança, e a aliança é a própria representação. É a aliança que codifica os fluxos do desejo e que, pela dívida, dá ao homem uma memória de palavras. É ela que recalca a grande memória filiativa intensa e muda, o influxo germinal como representante dos fluxos não codificados que submergiriam tudo. É a dívida que compõe as alianças com as filiações tornadas extensas, para formar e forjar um sistema em extensão (representação) sobre o recalcamento das intensidades noturnas. A aliança-dívida corresponde ao que Nietzsche descrevia como o trabalho pré-histórico da humanidade: servir-se da mais cruel mnemotecnia para impor na própria carne uma memória de palavras sobre a base do recalcamento da velha memória biocósmica. Eis por que é tão importante ver na dívida uma consequência direta da inscrição primitiva, em vez de fazer dela (como das próprias inscrições) um meio indireto da troca universal" (DELEUZE, Gilles; GUATTARI, Félix, 2010, p. 245).
35 Ibid., p. 189.
36 Id., Ibid.
37 Id., Ibid.

Há, então, nas sociedades primitivas apenas órgãos cujos usos, conexões, disjunções e conjunções expressam de forma imanente o vínculo imediato à coletividade da terra, pois "o homem que goza plenamente dos seus direitos e deveres tem todo seu corpo marcado sob um regime que reporta os seus órgãos e o seu exercício à coletividade".[38]

Ora, a terra, para Deleuze, torna-se um problema fundamental, não apenas de ordem econômica, mas também de fundamentação política e social. É esse corpo pleno que permite o desenvolvimento de modos de regulação econômico (produção), normas jurídicas (propriedade privada) e agenciamentos sociais (distribuição do espaço e dos homens). Ocorre que, tal sociabilidade através do corpo pleno da terra exige, por não possuir um Estado, a criação de um *socius* registrador e inscritor que atua no corpo do indivíduo, desenvolvimento um sistema de marcas para a constituição social da memória.

A máquina territorial primitiva codifica os fluxos, investe os órgãos, marca os corpos. Até que ponto circular, trocar, é uma atividade secundária em relação a esta tarefa que resume todas as outras: marcar os corpos, que são da terra. A essência do *socius* registrador, inscritor, enquanto atribui a si próprio as forças produtivas e distribui os agentes de produção, consiste nisto: tatuar, excisar, incisar, recortar, escarificar, mutilar, cercar, iniciar.[39]

Deleuze e Guattari se apoiam em Nietzsche e na relação entre memória[40] e dívida, para descrever como a consciência da dívida instaura paulatinamente o tempo da Lei, da reparação, da consciência da falta. Um sistema de marcação e de "avaliações que tem força de direito em relação ao diversos membros e

---

38 Ibid., p. 192.
39 Ibid., p. 191.
40 Nietzsche analisará, em *Genealogia da Moral*, o surgimento da memória como uma faculdade oriunda do convívio social e não como uma determinação de uma suposta "natureza" humana.

partes do corpo".⁴¹ As inscrições sociais através da dívida e da marca sobre o corpo acabará por nos levar para além da máquina territorial. Trata-se de marcar o corpo para dar memória ao homem segundo as exigências sociais, um sistema cruel⁴² que estabelece signos no próprio corpo.

Como exposto, as sociedades primitivas cuja sociabilidade se organiza sob a forma do corpo pleno da terra são sociedades desprovidas de Estado. Todavia, afastando-se da doutrina comum que sustenta a necessidade social de produção e criação de um Estado, Deleuze e Guattari, utilizam o pensamento de Pierre Clastres⁴³ para alegar e mostrar como tais sociedades não são marcadas pela ausência da forma-Estado⁴⁴ capaz de legitimar, regulamentar e reproduzir a lógica da produção da vida social, mas, ao contrário, os primitivos se caracterizam justamente pela decisão deliberada de evitar, a todo o custo, o aparecimento do Estado unificador e a centralização do poder.

Assim, definem os autores que:

> O que se entende exatamente por sociedade primitiva? A resposta nos é fornecida pela mais clássica antropologia

---

41 DELEUZE e GUATTARI. *O anti-Édipo. Op. Cit.* p. 192.
42 "A crueldade nada tem a ver com uma violência qualquer ou com uma violência natural, com que se explicaria a história do homem; ela é o movimento da cultura que se opera nos corpos e neles se inscreve, cultivando-os. É isto que significa crueldade. Esta cultura não é o movimento da ideologia: ao contrário, é à força que ela põe a produção no desejo e, inversamente, é à força que ela insere o desejo na produção e reprodução sociais. Com efeito, até a morte, o castigo e os suplícios são desejados, e são produções (cf. a história do fatalismo). Faz dos homens e dos seus órgãos peças e engrenagens da máquina social" (DELEUZE, Gilles; GUATTARI, Félix, 2010, p. 193).
43 Cf. CLASTRES, Pierre. *A sociedade contra o estado.* São Paulo: Cosac Naify, 2012.
44 "O Estado deleuzo-guattariano é também uma imagem do pensamento, uma racionalidade que opera através de duas frentes, como um monstro de duas cabeças. Por um lado, ele deve oferecer a eficácia de uma fundação; por outro, a sanção de um fundamento. Fundar e legitimar essa é a função do Estado. Ou seja, o Estado funda a si mesmo e produz os mecanismos, estratégias e práticas que o legitimam ordenando a vida social à sua imagem e semelhança, ordenando o mundo a partir de um único modo de relação, dessa ideia única que o constitui, incorporando e devorando tudo o que lhe é exterior. O Estado deleuziano é como a imagem movimento de Eisenstein, uma totalidade que não cessa de se expandir. É um verdadeiro Estado Imperial." (AGOSTINHO, Larissa Drigo, 2016, p. 90).

quando ela quer determinar o ser específico dessas sociedades, quando quer indicar o que faz delas formações sociais irredutíveis: as sociedades primitivas são as sociedades sem Estado, são as sociedades cujo corpo não possui órgão separado do poder político. E conforme a presença ou a ausência do Estado que se opera uma primeira classificação das sociedades, pela qual elas se distribuem em dois grupos: as sociedades sem Estado e as sociedades com estado, as sociedades primitivas e as outras.[45]

A tese de Clastres será essencial ao pensamento deleuziano já que explica processo em que não há, necessariamente, surgimento do Estado, tendo em vista que este aparelho sempre esteve em latência, pronto a emergir. Neste ponto, sublinha Agostinho[46] que o pensamento de Deleuze e Guattari vai, inclusive, contra as teses de Engels[47] sobre a gênese do Estado, pois os autores procuram, justamente, demonstrar que a busca por uma origem histórica do Estado é uma tautologia.[48]

Contra esta visão tautológica do Estado, Clastres vai evidenciar a ausência quase completa de autoridade por parte das sociedades primitivas, pois as tribos se organizavam, conforme o autor, pela perfeita concepção de poder "radicalmente diferente da nossa na medida em que todo o esforço do grupo tende exatamente a separar chefia e coerção, e assim a tornar o poder, num certo sentido, impotente".[49] Na verdade, o poder do chefe

---

45 CLASTRES, Pierre. *Op. Cit.* p. 101.
46 AGOSTINHO. *Op. Cit.* p. 90.
47 "Eis por que, no marxismo, não se sabia muito bem o que fazer com essa instituição, uma vez que ela não entra nos famosos cinco períodos, comunismo primitivo, cidade antiga, feudalidade, capitalismo, socialismo" (DELEUZE, Gilles; GUATTARI, Félix, 2010, p. 290).
48 A autora completa informando que a "'captura' é o nome da essência interior ou da unidade do Estado, o termo 'captura mágica' seria o mais adequado para descrever esta situação, pois o Estado aparece como já feito e *se* pressuponho. (...) Por isso, ele é como o mito, discurso fundador e instaurador (exatamente como o mito platônico da caverna que distingue o verdadeiro, do falso), só que agora o Estado funciona como fundamento de suas próprias práticas ao se disseminar em contratos e códigos de leis que legitimam o mito que o fez surgir" (AGOSTINHO, Larissa, 2016, p. 90).
49 CLASTRES, Pierre. *Op. Cit.* p. 45

depende da coletividade do grupo. Neste sentido, importa destacar a seguinte passagem da tese de Clastres:

> Por outro lado, quais são as funções do chefe, não mais como representante de seu grupo nas relações exteriores com os estrangeiros, mas em suas relações internas com o próprio grupo? É evidente que, se a comunidade o reconhece como líder (como porta-voz) quando afirma sua unidade em relação às outras unidades, é que ele possui um mínimo de confiança garantida pelas qualidades que manifesta precisamente a serviço de sua sociedade. É o que chamam de prestígio, muito comumente confundido, e sem razão, com poder. Compreende-se assim muito bem que, no seio de sua própria sociedade, a opinião do líder, escorada no prestígio que ele desfruta, seja, eventualmente, ouvida com mais consideração que a dos outros indivíduos. Mas a atenção particular que é dada (aliás, nem sempre) à palavra do chefe nunca chega ao ponto de deixá-la transformar-se em voz de comando, em discurso de poder: o ponto de vista do líder só será escutado enquanto exprimir o ponto de vista da sociedade como totalidade una. Disso resulta não apenas que o chefe não formula ordens, às quais sabe de antemão que ninguém obedeceria, mas também que é incapaz (isto é, não detém tal poder) de arbitrar quando se apresenta, por exemplo, um conflito entre dois indivíduos ou duas famílias. Ele tentará, não resolver o litígio em nome de uma lei ausente da qual seria o órgão, mas apaziguá-lo apelando ao bom senso, aos bons sentimentos das partes opostas, referindo-se a todo instante à tradição de bom entendimento legada, desde sempre, pelos antepassados. Da boca do chefe saem, não as palavras que sancionariam a relação de comando-obediência, mas o discurso da própria sociedade sobre si mesma, discurso por meio do qual ela se autoproclama comunidade indivisa e vontade de perseverar nesse ser indiviso.[50]

---

50 Ibid., p. 103-104.

Esta luta contra a transcendência de um poder que unifica e se impõe é, na verdade, luta contra o advento do Estado, contra o chefe de Estado. Por isso, essas sociedades não são sociedades do trabalho, pois se trata de não ter que lidar com o problema posto pelo excedente de produção e de uma produção feita para a circulação. Por isto, estas sociedades exercem um poder absoluto e completo sobre tudo que a compõe.[51] Deleuze e Guattari compreendem este ponto ao afirmar:

> A máquina primitiva não ignora a troca, o comércio e a indústria, mas ela os esconjura, localiza-os, quadricula-os, encaixa-os, mantém o mercador e o ferreiro numa posição subordinada, para que os fluxos de troca e de produção não venham quebrar os códigos em proveito de suas quantidades abstratas ou fictícias.[52]

Já a segunda formação – os bárbaros – estaria caracterizada pela produção de um corpo social que se incarna no corpo místico do déspota. Nesta formação, que segue de perto o que certa tradição marxista entende por "modo de produção asiático"[53] (*asiatisches Produktionsweise*), aparece pela primeira vez o Estado.[54]

Enquanto a máquina territorial da sociedade primitiva era feita para impedir a formação do Estado, pois conjura a fusão através da cisão e impede a concentração de poder mantendo os órgãos de chefia em uma relação de impotência com o grupo, garantindo que os vários segmentos envolvidos na luta pelo

---
51 SAFATLE, Vladimir. *Deleuze e Guattari. Op Cit.* Notas do curso.
52 DELEUZE e GUATTARI. *O anti-Édipo. Op. Cit.* p. 204.
53 ANTUNES, Jair. *Marx e o último Engels*: o modo de produção asiático e a origem do etapismo na teoria da história marxista. Disponível em: <http://www.unicamp.br/cemarx/anais_v_coloquio_arquivos/arquivos/comunicacoes/gt1/sessao3/Jair_Antunes.pdf>. Acesso em: 26 set. 2015.
54 "O Estado não se formou progressivamente, mas surgiu de uma vez já todo armado, num golpe de mestre, Urstaat original, eterno modelo de tudo o que o Estado quer ser e deseja. A produção dita asiática, com o Estado que a exprime ou que constitui o seu movimento objetivo, não é uma formação distinta; é a formação de base que está no horizonte de toda a história" (DELEUZE, Gilles; GUATTARI, Félix, 2010, p. 288).

poder fiquem dispersos, sem princípio de unificação. Existia, assim, uma máquina de guerra[55] selvagem que impedia a ascensão do déspota, mas que vai, no entanto, vir de fora sobrecodificando todos os códigos.[56] Desta feita, a formação sobrecodificada do Bárbaro imperial, estaria, por conseguinte, caracterizada pela produção de um corpo social que se incarna no corpo místico do déspota. Nesta formação, que segue de perto o que Marx entende por "modo de produção asiático", Deleuze e Guattari informam que, segundo Marx, neste modelo de produção "um aparelho de Estado se erige sobre as comunidades agrícolas primitivas, que têm já códigos de linhagem territoriais; mas ele os sobrecodifica, submete-os ao poder de um imperador déspota, proprietário público único e transcendente".[57]

Vale lembrar que, conforme lições de Safatle, Marx buscou dar conta da especificidade do modo de produção apenas nos países orientais, por conta de sua especificidade, em especial nos países como Índia e China. Isto implicava, por um lado, romper com uma leitura etapista do processo histórico, o que

---

55 "Quanto à máquina de guerra em si mesma, parece efetivamente irredutível ao aparelho de Estado, exterior a sua soberania, anterior a seu direito: ela vem de outra parte. *Indra, o deus guerreiro, opõe-se tanto a Varuna como a Mitra*. Não se reduz a um dos dois, tampouco forma um terceiro. Seria antes como a multiplicidade pura e sem medida, a malta, irrupção do efêmero e potência da metamorfose. *Desata o liame assim como trai o pacto*. Faz valer um *furor* contra a medida, uma celeridade contra a gravidade, um segredo contra o público, uma potência contra a soberania, uma máquina contra o aparelho. Testemunha de uma outra justiça, às vezes de uma crueldade incompreensível, mas por vezes também de uma piedade desconhecida (visto que desata os liames...4). Dá provas, sobretudo, de outras relações com as mulheres, com os animais, pois vive cada coisa em relações de *devir*, em vez de operar repartições binárias entre 'estados': todo um devir-animal do guerreiro, todo um devir-mulher, que ultrapassa tanto as dualidades de termos como as correspondências de relações. Sob todos os aspectos, a máquina de guerra é de uma outra espécie, de uma outra natureza, de uma outra origem que o aparelho de Estado" (DELEUZE, Gilles; GUATTARI, Félix, 2012, p. 08).
56 DELEUZE e GUATTARI. *O anti-Édipo. Op. Cit.* p. 203.
57 DELEUZE, Gilles; GUATTARI, Félix. *Mil platôs*: capitalismo e esquizofrenia. Volume 5. Tradução de Peter Pál Pelbart e Janice Caiafa. São Paulo: Editora 34, 2012, p. 101. Versão digital.

será revisto quando boa parte da historiografia marxista procurar eliminar a noção de modo de produção asiático em prol de um uso extensivo do esquema utilizado na passagem do feudalismo ao capitalismo.[58] Ocorre que, para o pensamento marxiano, a categoria de modo de produção asiático é de caráter fundamental para que se possa entender, de maneira estruturada, o processo geral da história humana e, em especial, da formação do modo de produção capitalista no Ocidente europeu.[59]

É o modo de produção asiática que, para Marx, expressaria conceitualmente os fundamentos do Estado que surge, capturando as sociedades primitivas, de maneira natural (imanente), a partir da sobrecodificação dos processos de sociabilidade. Por isso, Marx expõe que:

> Por mais lamentável que seja do ponto de vista humano ver como se desorganizam e se dissolvem essas dezenas de milhares de organizações sociais laboriosas, patriarcais e inofensivas; por triste que seja vê-las desaparecidas num mar de dor, contemplar como cada um dos seus membros vai perdendo ao mesmo tempo as suas velhas formas de civilização e os seus meios tradicionais de subsistência, não deveremos esquecer simultaneamente que essas idílicas comunidades rurais, por inofensivas que parecessem, constituíram sempre a base do despotismo asiático, restringindo o intelecto humano aos limites mais estreitos, convertendo-o num instrumento submisso da superstição, submetendo-o à escravidão de regras tradicionais e privando-o de toda grandeza e iniciativa histórica (...). Não devemos esquecer que essa vida sem dignidade, estática e vegetativa, que essa forma passiva de existência provocava, por outro lado e por antítese, forças destrutivas selvagens, cegas e desenfreadas que transformaram o assassinato em rito religioso no Hindustão. Não devemos esquecer que essas pequenas comunidades estavam contaminadas por

---

58 SAFATLE, Vladimir. *Deleuze e Guattari. Op. Cit.* Notas do curso.
59 ANTUNES, Jair. *Op. Cit.* p. 04.

diferenças de casta e pela escravidão, que elas submeteram o homem às circunstâncias exteriores em lugar de fazê-lo soberano das mesmas circunstâncias, que converteram um estado social que se desenvolvia por si só num destino natural imutável (...).[60]

Esta instabilidade se estabilizará através da transposição do corpo da terra no corpo do déspota. Por isto, o Estado se incarna inicialmente no corpo místico do déspota. Daí uma afirmação como:

> A unidade imanente da terra como motor imóvel dá lugar a uma unidade transcendente de natureza totalmente distinta, que é a unidade de Estado; o corpo pleno já não é o da terra, mas o do Déspota, o Inengendrado, que se encarrega agora tanto da fertilidade do solo como da chuva do céu e da apropriação geral das forças produtivas. O socius primitivo selvagem era, portanto, a única máquina territorial em sentido estrito. E o funcionamento de uma tal máquina consiste no seguinte: declinar aliança e filiação, declinar as linhagens sobre o corpo da terra, antes que haja um Estado.[61]

Por um lado, o advento do Estado pede a passagem de um regime social baseado em filiações intensivas, ou seja, filiações ilimitadas, inclusivas, para um regime baseado em alianças e filiações extensivas, nas quais as disjunções advêm exclusivas, limitativas. Regime no qual os nomes não designam mais estados intensivos, mas pessoas discerníveis. Assim, o Estado permite o aparecimento gradual da pessoa, das singularidades, "pois esses nomes designam tão somente variações intensivas sobre o corpo pleno da terra determinado como germe".[62] Com o

---

60 MARX e ENGELS. Sobre el modo de producción asiática apud ANTUNES, Jair. *Marx e a categoria de modo de produção asiático*: A Índia como modelo de sociedade não-ocidental. Revista Tempo da Ciência, v. 26, 2006, p. 125-146.
61 DELEUZE e GUATTARI. *O anti-Édipo. Op. Cit.* p. 194.
62 Ibid., p. 215.

aparecimento gradual da pessoa, com a privatização gradual dos órgãos, pode começar uma longa história, a saber, a história da edipianização.[63]

Por outro lado, este Estado, chamado de "Estado despótico originário",[64] está ainda marcado pelo: "horror aos fluxos descodificados, fluxos de produção, mas também fluxos mercantis de troca e de comércio que escapariam ao monopólio do Estado, ao seu esquadriamento, à sua rolha".[65]

> É aí que aparece a identidade da máquina social com a máquina desejante: o seu limite não é o desgaste, mas a falha, ela só funciona rangendo, desarranjando-se, arrebentando em pequenas explosões – os disfuncionamentos fazem parte do seu próprio funcionamento, e este não é o aspecto menos importante do sistema da crueldade. Nunca uma discordância ou um disfuncionamento anunciaram a morte de uma máquina social que, ao contrário, se alimenta habitualmente das contradições que provoca, das crises que suscita, das angústias que engendra e das operações infernais que a revigoram: o capitalismo aprendeu isso e deixou de duvidar de si, e até os socialistas deixavam de acreditar na possibilidade da sua morte natural por desgaste.[66]

---

63 SAFATLE, Vladimir. *Deleuze e Guattari*. *Op. Cit*. Notas do curso.
64 "O Estado despótico, tal como aparece nas mais puras condições da produção dita asiática, tem dois aspectos correlativos: por um lado, ele substitui a máquina territorial, forma um novo corpo pleno desterritorializado; por outro, mantém as antigas territorialidades, integra-as como peças ou órgãos de produção na nova máquina. É de pronto que ele atinge sua perfeição, uma vez que funciona sobre a base das comunidades rurais dispersas, que operam como máquinas preexistentes autônomas ou semiautônomas do ponto de vista da produção; mas, deste mesmo ponto de vista, ele reage sobre elas produzindo as condições dos grandes trabalhos que excedem o poder das comunidades distintas. O que se produz sobre o corpo do déspota é uma síntese conectiva das antigas alianças com a nova aliança, uma síntese disjuntiva que faz com que as antigas filiações se difundam na filiação direta, reunindo todos os sujeitos na nova máquina. O essencial do Estado, portanto, é a criação de uma segunda inscrição pela qual o novo corpo pleno, imóvel, monumental, imutável, se apropria de todas as forças e agentes de produção; mas esta inscrição de Estado deixa subsistir as velhas inscrições territoriais, como "tijolos" sobre a nova superfície" (DELEUZE, Gilles; GUATTARI, Félix, 2010, p. 263).
65 DELEUZE e GUATTARI. *O anti-Édipo*. *Op. Cit*. p. 261.
66 Ibid., p. 202.

Deste modo, é no corpo despótico, que a terra será submetida a uma unidade transcendente que permite recodificar o *socius* e regulamentar de um modo distinto a vida social. É a unidade transcendente do déspota que constitui um princípio superior de integração e centralização que "toma(m) precisamente essa forma de tijolos que assegura sua integração à unidade superior, e seu funcionamento distributivo está em conformidade com os desígnios coletivos desta mesma unidade (grandes trabalhos, extorsão da mais-valia, tributo, escravatura generalizada)".[67]

Como demonstrado, o Estado, no modo de produção asiático, tem como função assegurar os grandes trabalhos públicos, deixando subsistir comunidades semiagrícolas, semiartesanais de caráter familiar, dando a cada uma dessas comunidades uma organização independente e uma vida distinta.[68] Mas é por preservar organizações comunitárias independentes que Deleuze e Guattari poderão dizer que o Estado despótico opera uma sobrecodificação. Sobrecodificação significa que os códigos territorializados serão mantidos, mas agora submetidos e reordenados no interior de um código metaestrutural.[69]

Isto pode nos explicar porque Deleuze e Guattari compararam o déspota a um significa-mestre. Admitindo que o significante "é tão somente o próprio signo desterritorializado",[70] trata-se de lembrar que um corpo político cujo fundamento é um significante-mestre significa indicar que o fundamento produzirá um sentido sempre transcendente: "estoque transcendente que distribui a falta a todos os elementos da cadeia, algo de comum para uma comum ausência, instaurador de todos os cortes-fluxos num só e mesmo lugar de um só e mesmo corte".[71]

---
67 Ibid., p. 264.
68 ANTUNES, Jair. *Op. Cit.* p. 04.
69 SAFATLE, Vladimir. *Deleuze e Guattari. Op. Cit.* Notas do curso.
70 DELEUZE e GUATTARI. *O anti-Édipo. Op. Cit.* p. 276.
71 Ibid., p. 247.

É, deste modo, que os autores de *O anti-Édipo* vão poder afirmar que o déspota é a unidade formidável, pois "formal e vazia, eminente, distributiva e não coletiva; e o traço maníaco--depressivo (metáfora), segundo o qual a lei nada faz conhecer e não tem objeto cognoscível, em que o veredicto não preexiste à sanção, e o enunciado da lei não preexiste ao veredicto".[72] Ou seja, eles aproximam o caráter vazio do fundamento da cadeia significante no interior do estruturalismo à característica do déspota de elevar sua vontade a fundamento da lei, uma vontade que não se configura em sistema de leis, mas cuja soberania é uma transcendência que, de certa forma, acrescenta-se a leis locais, significando sem nada designar.

Assim, o Estado é a soberania que se apropriar da potência, sobrecodificando o *socius*, no intuito de interiorizá-la sob a forma de um poder hierarquizado, "eis a essência da lei e a origem das novas dores do corpo".[73] Isto posto, a forma-Estado tem uma forte tendência a se reproduzir solicitando o reconhecimento público de seus direitos, como uma necessidade – a necessidade da Lei.[74]

2.2. Teoria política em Deleuze: a forma-Estado

> *O reino das leis é vicioso: é inferior ao reino da anarquia; a maior prova disso é a obrigação em que se encontra o governo de mergulhar a si mesmo na anarquia quando deseja fazer sua Constituição.* (Marquês de Sade)

---

72 Ibid., p. 281.
73 Id., Ibid.
74 "É que a lei, digamos uma vez mais, antes de ser uma fingida garantia contra o despotismo, é a invenção do próprio déspota: ela é a forma jurídica tomada pela dívida infinita. Até junto aos últimos imperadores romanos, ver-se-á o jurista no cortejo do déspota, e ver--se-á a forma jurídica acompanhar a formação imperial, o legislador com o monstro, Gaio e Cômodo, Papiniano e Caracala, Ulpiano e Heliogábalo, 'o delírio dos doze Césares e a idade de ouro do direito romano'" (DELEUZE, Gilles; GUATTARI, Félix, 2010, p. 281).

No mais óbvio, a análise deleuziana da política leva a uma reelaboração dos problemas nodais do pensamento político contemporâneo, que culminam na análise da forma-Estado. Investigar de maneira mais aprofundada as questões sobre soberania, a relação entre capitalismo, política e Estado, a violência e o direito, entre outros assuntos, para observar a genealogia e o desenvolvimento histórico das formações sociais e recombinações que elas desenvolvem sobre os conceitos de indivíduo, minoria, autonomia e soberania, bem como a relação entre os processos econômicos e estruturas de poder social e do Estado, a questão da guerra, o emaranhamento entre geopolítica e geoeconomia, entre outros.

Deleuze e Guattari, no entanto, como de outra maneira Foucault também faz, procuraram alternativas ao marxismo ortodoxo, trabalhando com resistência ao pensamento vigente na época, para propor, através de jogos de substituição, um diálogo nietzschiano e marxista, negando a condução progressista "hegeliana-marxiana", trocando a dialética, a heteronomia e as identidades clivadas por uma micropolítica da subjetividade.[75] Isabelle Garo, filósofa francesa, explica que este trabalho é consistente com a sequência filosófica-política que vem, oportunamente, para apoiar outras tentativas iniciadas nos últimos anos do pensamento francês de décadas após a guerra (início dos anos 1960-1970), que trabalha no sentido de inserir a problemática política em matéria de decomposição da subjetividade e de ideologia política.[76]

Garo expõe que as obras de Althusser, Foucault e Deleuze têm em comum considerar a "crise" em que veio o marxismo (pós-Stalinismo), mas sem esquecer que este diagnóstico foi, justamente, afirmado muitas vezes pelos próprios marxistas. E,

---

75 "Hegel x Kleist" (Cf. DELEUZE, Gilles. *Op. Cit.* p. 18-20).
76 Cf. GARO, Isabelle. *Foucault, Deleuze, Althusser & Marx : La politique dans la philosophie.* Paris: Ed. Demopolis, 2011. Versão digital.

ainda, tais autores trabalham num sentido em que a história é inseparável de suas transformações, que ocorrem por meio de organizações e movimentos de massas e que são apropriados pelo capitalismo, seja através do poder, da subjetividade ou da própria idelogia. Todavia, a situação que interessa aqui requer, especialmente, a perspectiva de que a história é inseparável de um movimento complexo e isto tornou possível, ante a "crise marxista" que havia se instalado, o surgimento de novas formas de lutas possibilitadas pela reconfiguração do Estado-Providência (pós--guerra), mas também uma ampla tendência de despolitização da década seguinte a maio de 1968. Neste passo, esta tendência buscava recuperar o rompimento que se aprofundou no movimento comunista, separando a prática política e prática teórica.[77]

No mesmo sentido, Guillaume Sibertin-Blanc, expõe que as obras de Deleuze, e de outros pensadores da época devem ser lidas como sinais de um período político-econômico em transição, que analisam a complexidade da forma-capital. O pressuposto do capital como "axiomático global" deleuzo-guattariano de 1972, registra a sequência da crise "keynesiano-fordista", dando ao programa uma nova crítica sistêmica do poder capitalista em todo o mundo, ao contrário do pensamento político-econômico que imperava até então sobre o período fordista e suas contradições que, de maneira geral, idealizava o crescimento autocentrado de países ocidentais, inocentando as crises sistêmicas e os conflitos de classes.[78]

Esta nova visão desenvolve uma teoria da forma-Estado, obviamente, construída como uma operação de "desidealização" do estado social-capitalista keynesiano.[79] Tal torção impõe para a renúncia de elucidar as funções do Estado como

---

77 Ibid., p. 49-50.
78 SIBERTIN-BLANC, Guillaume. *Politique et état chez Deleuze et Guattari*. Paris: Presses Universitaires de France, 2012, p. 9-10. Versão digital.
79 Ibid., p. 10.

resultante de um corpo social, mas sim redireciona o exame, as condições das nações modernas e o papel do Estado no modo de produção capital. Tal formulação teórica traz consigo uma necessidade de releitura marxista, polarizada pelo problema das "limitações imanentes" (*immanenten Schranken*) da acumulação ampliada do capital, declínio da taxa de lucro gerada pela "crise improdutiva" (aumento de mais-valia improdutiva) e pelas novas formas econômicas e monetárias que se desenvolveram por transformações das estruturas de divisão trabalho internacional e os modos de exploração "pós-colonial".[80]

> Construite rétrospectivement en fonction de la «civilisation» capitaliste, l'histoire universelle de *L'Anti-Edip* avait alors pour enjeu de pervertir la téléologie historique en soulignant les contingences, les destructions, et finalement l'Impossible (l'«innommable») qui devaient se produire, pour qu'une formation sociale vînt à faire de ce décodage généralisé, qui signifiait la mort de toutes les formations sociales antérieures, son «moteur» immanent. D'où l'importance prêtée aux analyses marxiennes de l'accumulation élargie du capital, singulièrement à celle des crises de surproduction du Livre III du Capital et au concept de «limite immanente» que Marx y introduit. Tandis que les formations non-capitalistes rencontraient des flux décodés comme une «limite réelle», extrinsèque, accidentelle, les formations capitalistes en font leur limite interne, structurelle, qu'elles ne cessent de détruire pour la retrouver à une nouvelle échelle.[81]

Guillaume expõe que a trajetória proposta de *Capitalismo e esquizofrenia*, baseada na questão do lugar da violência no espaço político e, mais especificamente, os pontos extremos em que os contornos políticos estão em uma dimensão tão violenta

---

80 Ibid., p. 11.
81 Ibid., p. 38.

que destroem a possibilidade de luta, refere-se à forma de uma filosofia pluralista do poder, que correspondem a três principais análises feitas no referido livro:[82] a) o plano do "poder/estado", ao qual se atribui a expressão de "arqui-violência" guattaro-deleuziana e que projeta uma violência soberana, escrita sob a forma-Estado e as estruturas de seus "dispositivos"; b) o poder de combate, que retorna sob o termo "exo-violência" para se tornar a máquina de guerra nômade, que é extrínseca aos Estados, e que estes só conseguem se apropriar parcialmente, "Axioma 1: A máquina de guerra é exterior ao aparelho de Estado";[83;84] c) potência capitalista, que é associada sob a expressão de "endo-violência" uma forma de violência específica da dinâmica de uma economia mundial que destrói qualquer externalidade, o "Aparelho de Captura".[85]

Ainda, o desenvolvimento das condições materiais do Estado pressupõe a existência de uma forma-Estado, que não se identifica com o automovimento de sua ideia ou de sua temporalidade. Primeiro, ela exige uma compreensão mais complexa, de modo a dar conta de sua materialidade (os "dispositivos")

---

82 Ibid., p. 12-13.

83 DELEUZE, Gilles; GUATTARI, Félix. *Mil platôs*: capitalismo e esquizofrenia. Volume 5. Tradução de Peter Pál Pelbart e Janice Caiafa. São Paulo: Editora 34, 2012, p. 12-19.

84 "Todo Estado implica, como dizia Hegel, 'os momentos essenciais de sua existência enquanto Estado'. Não somente isso, mas há um único momento, no sentido de acoplamento de forças, e esse momento do Estado é captura, laço, nó, nexum, captura mágica (...). É o nó, é o laço, a captura, que atravessa assim uma longa história: primeiro o laço coletivo imperial, objetivo; depois todas as formas de laços pessoais subjetivos; enfim o Sujeito que se ata ele mesmo, e renova assim a mais mágica operação" (DELEUZE e GUATTARI, 2010, v. 5, p. 141-142).

85 Em suma, pode-se afirmar que o "Estado como aparelho de captura tem uma potência de apropriação; mas, justamente, essa potência não consiste somente em que ele captura tudo o que pode, tudo o que é possível, sobre uma matéria definida como phylum. O aparelho de captura se apropria igualmente da máquina de guerra, dos instrumentos de polarização, dos mecanismos de antecipação-conjuração. É dizer, inversamente, quais mecanismos de antecipação-conjuração têm uma grande potência de transferência: eles não se exercem somente nas sociedades primitivas, mas também nas cidades que conjuram a forma-Estado, nos Estados que conjuram o capitalismo, no próprio capitalismo quando este conjura ou repele seus próprios limites" (DELEUZE, Gilles; GUATTARI, Félix, 2012, p. 113).

e, também de seu próprio idealismo (sua ideia ou conceito de automovimento). As mudanças nos planos Virtual e Real. O Estado organiza os fluxos anarquistas inerentes a sociedade capitalista.[86] Assim, a forma-Estado no pensamento deleuziano pode ser resumido no seguinte sentido:

> A forma-Estado é uma imagem do pensamento, ela se organiza a partir dos dois polos da soberania, das suas funções e operações constitutivas: fundação e legitimação. No entanto, o ato que funda a soberania, o Estado, é tautológico, mágico ou mítico, como no interior do pensamento platônico. Ou seja, o Estado funda a si mesmo, há uma relação não causal entre o Estado e a vida social por ele instaurada, em outras palavras, o Estado opera e funciona sem fundamento, sem causa ou razão ou ele é o próprio fundamento da vida social. Há, portanto, uma relação retroativa entre o fundamento e o fundado, o fundamento só pode ser legitimado pelo que ele mesmo instaura. Esse mecanismo justifica a segunda função atribuída ao Estado, a função legisladora que deve legitimar o processo de captura ou a constituição e manutenção do próprio Estado.[87]

Camilo Caldas, ao comentar a Teoria da Derivação do Estado explica que "a produção e troca de mercadorias, características deste modo de produção, tornariam indispensável uma instância – o Estado – que atendesse aos interesses da classe burguesa na forma de um interesse geral, sem se confundir com nenhum dos capitalistas em particular".[88]

Assim, dentro da teoria do capitalismo de Deleuze e Guattari, um ponto fundamental é a compreensão da natureza central da relação, necessária, entre capitalismo e Estado.[89] Este

---
86 CALDAS, Camilo Onoda. *A teoria da derivação do estado e do direito*. São Paulo: Outras Expressões, 2015, p. 134.
87 AGOSTINHO, Larissa. *Op. Cit.* p. 8.
88 CALDAS, Camilo Onoda. *Op. Cit.* p. 134.
89 "A novidade de Deleuze e Guattari não consiste como sublinha Lyotard em pensar a libido como processo de distribuição e por consequência o capitalismo como consumismo.

diagnóstico fornece uma das ossaturas de *O anti-Édipo*. Neste sentido, nota-se quando os dois afirmam: "Às vezes, tem-se a impressão de que os fluxos de capitais voltar-se-iam de bom grado à lua, se o Estado capitalista não estivesse lá para reconduzi-los à terra".[90]

Aqui, fica claro como a aposta consiste em dizer que o Estado é o operador de reterritorialização do capitalismo. Ele controla os fluxos, regula os conflitos, inscreve as demandas no interior das realidades nacionais. Deste modo, "o campo do Estado está estruturalmente mergulhado na totalidade das relações sociais capitalistas. Suas instituições políticas, tendo a dinâmica interna, estão também atravessadas pelas estruturas sociais. Por toda a geografia do Estado e das instituições há, ao mesmo tempo, uma configuração interna e uma natureza estrutural no todo das relações sociais capitalistas".[91]

Por isto, Deleuze e Guattari podem dizer que nunca houve capitalismo liberal. Não há luta alguma contra o princípio de controle do Estado ou de regulamentação econômica. Não há oposição alguma entre o livre-mercado e a planificação, pois o liberalismo sempre precisou do Estado como garantidor das condições de possibilidade para a livre-mercado, ou ao menos, para a livre-concorrência que convém.[92] Mascaro sintetiza salientando que o "Estado, assim, se revela como um aparato necessário à reprodução capitalista, assegurando a troca de mercadorias e a própria exploração da força de trabalho sob forma assalariada".[93]

Assim, para o pensamento deleuziano, há o conteúdo da forma-Estado está sob diretamente relacionado à forma Econômica.

Deleuze e Guattari pensam o capitalismo a partir da dívida, ou seja, do crédito, da renda, da moeda, propriedade fundiária e do imposto" (AGOSTINHO, Larissa. *Op. Cit.* p. 8).
90   DELEUZE e GUATTARI. *O anti-Édipo. Op. Cit.* p. 307.
91   MASCARO, Alysson. *Estado e forma política.* São Paulo: Boitempo, 2013, p. 23.
92   Deleuze e Guattari, aqui, dialogam com a Teoria da Regulação (Cf. ARNOLDI, Jakob. *Derivatives*: Virtual Values and Real Risks Theory. Culture & Society, December 2004, p. 23-42).
93   MASCARO, Alysson. *Op. Cit.* p. 16.

Pode-se, inclusive, afirmar que, para Deleuze e Guattari, é justamente na axiomática capitalista que reside a verdade do Estado.[94] Portanto, a axiomática capitalista é a única capaz de demonstrar a falsa pretensão do Estado. Pretensão esta que é, justamente, a de funcionar como fundamento ou polo legislador capaz de organizar a totalidade da vida social.[95]

Neste sentido, o projeto *Capitalismo e esquizofrenia* poderia parecer dependente de uma tentativa de liberar os fluxos do capital e seu potencial de desterritorialização da estrutura de regulação dos Estados nacionais. Lembra-se, por exemplo, de afirmações a respeito da "via revolucionária" como:

> Mas haverá alguma via revolucionária? – Retirar-se do mercado mundial, como Samir Amin aconselha aos países do Terceiro Mundo, numa curiosa renovação da "solução econômica" fascista? Ou ir no sentido contrário, isto é, ir ainda mais longe no movimento do mercado, da descodificação e da desterritorialização? Pois talvez os fluxos ainda não estejam suficientemente desterritorializados e suficientemente descodificados, do ponto de vista de uma teoria e de uma prática dos fluxos com alto teor esquizofrênico. Não retirar-se do processo, mas ir mais longe, "acelerar o processo", como dizia Nietzsche: na verdade, a esse respeito, nós ainda não vimos nada.[96]

Ocorre que tal afirmação não condiz com o pensamento deleuziano. Primeiro, ela retira toda possibilidade de estabelecer outro princípio para a crítica social, já que a crítica (atual) tende a ser apenas à afirmação possível das condições atuais do próprio capitalismo pós-industrial e são desprovidas de forte potencial

---

94 "L'axiomatique est le moyen de lier la production désirante au processus d'accroissement du capital, de la courber sous ce nouveau joug sans plus avoir besoin de fondement" (Lajoujade. Davida, 2014, p. 165).
95 AGOSTINHO, Larissa. *Op. Cit.* p. 9.
96 DELEUZE e GUATTARI. *O anti-Édipo. Op. Cit.* p. 318.

emancipador.[97] Neste sentido, seria compreender que, todas as condições de emancipação já estão dadas no próprio movimento do capitalismo avançado. A racionalidade deleuziana livra-se de toda amarra de um pensamento da representação, bastando apenas uma espécie de afirmação de potencialidades que, no final das contas, são a própria mola de desenvolvimento socioeconômico do capitalismo.[98]

Deleuze e Guattari vão, deste modo, deixando evidente a necessidade de análise da complexidade da forma econômica para compreender as regulações da vida social. O capitalismo é dotado de relações causais complexas, de desterritorialização dos fluxos desejantes, de criação de novas subjetividades e, por conseguinte, a "historicidade" do capital não se restringe ao seu aspecto puramente econômico,[99] mas, ao contrário, começa a

---

97 Basta lembrar da afirmação de que: "O capitalismo tende a um limiar de descodificação que desfaz o socius em proveito de um corpo sem órgãos e que libera, sobre este corpo, os fluxos do desejo num campo desterritorializado (...) a descodificação dos fluxos e a desterritorialização do socius formam a tendência mais essencial do capitalismo. Ele não para de se aproximar do seu limite, que é um limite propriamente esquizofrênico. É com todas as suas forças que ele tende a produzir o esquizo como o sujeito dos fluxos descodificados sobre o corpo sem órgãos – mais capitalista do que o capitalista e mais proletário do que o proletário. (...) O capitalismo, no seu processo de produção, produz uma formidável carga esquizofrênica sobre a qual ele faz incidir todo o peso da sua repressão, mas que não deixa de se reproduzir como limite do processo. Isto porque o capitalismo nunca para de contrariar, de inibir sua tendência, ao mesmo tempo em que nela se precipita; não para de afastar o seu limite, ao mesmo tempo em que tende a ele. O capitalismo instaura ou restaura todos os tipos de territorialidades residuais e factícias, imaginárias ou simbólicas, sobre as quais ele tenta, bem ou mal, recodificar, reter as pessoas derivadas das quantidades abstratas. Tudo repassa ou regressa, os Estados, as pátrias, as famílias. É isto que faz do capitalismo, na sua ideologia, "a pintura mesclada de tudo aquilo em que se acreditou" (DELEUZE e GUATTARI, 2010, p. 52-53).
98 SAFATLE, Vladimir. *Cinismo e falência da crítica*. São Paulo: Boitempo, 2008, p. 142. Versão digital.
99 Ressalta-se que "Os axiomas do capitalismo não são evidentemente proposições teóricas, nem fórmulas ideológicas, mas enunciados operatórios que constituem a forma semiológica do Capital e que entram como partes componentes nos agenciamentos de produção, de circulação e de consumo. Os axiomas são enunciados primeiros, que não derivam de um outro ou não dependem de um outro. Nesse sentido, um fluxo pode constituir o objeto de um ou vários axiomas (sendo que o conjunto dos axiomas constitui a conjugação dos fluxos); mas pode também não haver axiomas próprios, e seu tratamento ser apenas a conseqüência dos outros axiomas; ele pode, enfim, permanecer fora do campo, evoluir sem limites, ser deixado

se desenvolver, como já apontava Marx, a partir de formas de organização estatal e despótica.[100]

Nesta esteira é possível ressalvar, como faz Guattari,[101] que nunca houve luta contra a sociedade de consumo, esta noção imbecil. Pelo contrário, o exposto em *Mil platôs*, revela que ainda não houve consumo o suficiente. Assim, para os autores, "nunca os interesses passarão para o lado da revolução se as linhas do desejo não alcançarem o ponto em que desejo e máquina se fundem, desejo e artifício, isto a ponto dele se voltar contra os dados ditos naturais da sociedade capitalista".[102] Mister se faz evidenciar, aqui, a afirmação de Lyotard, na qual: "A dissolução das formas e dos indivíduos na sociedade dita 'de consumo' deve ser *afirmada*".[103]

Não obstante, as afirmações acima devem ser compreendidas de maneira cautelosa e de acordo com o todo da obra (e pensamento) de Deleuze (e Guattari), pois o(s) autor(es) sempre deixa(m) evidente a complexidade do funcionamento e a capacidade de flexibilização do capitalismo que atua não mais de maneira territorializada, mas flui de modo axiomático, desterritorializando os fluxos sociais, econômicos, regulatórios e jurídicos. Assim, reitera-se que o autor diferencia "desterritorialização relativa, produzida pelo próprio capitalismo e desterritorialização absoluta, própria do devir revolucionário",[104] bem como estabelece diversos processos de flexibilização promovidos pelo capitalismo moderno e sua axiomática. Deste modo, o problema não está em determinar os limites do capital a partir, mas, de outra forma, criticar esses mecanismos de liberação e

---

no estado de variação "selvagem" no sistema. Há no capitalismo uma tendência de adicionar perpetuamente axiomas" (DELEUZE e GUATTARI, 2012, p. 143).
100 AGOSTINHO, Larissa. *Op. Cit.* p 9.
101 DELEUZE, Gilles. *Conversações. Op. Cit.* p. 31.
102 Ibid., p. 31.
103 LYOTARD, Jean-François. "Capitalisme énergumène" apud SAFATLE, Vladimir. *Cinismo e falência da crítica. Op. Cit.* p. 143. Versão digital.
104 AGOSTINHO, Larissa. *Op. Cit.* p. 4.

flexibilização demonstrando seus impactos negativos e as novas formas de sofrimento e exclusão por ele criados.[105]

Safatle também observa tal crítica e afirma que:

> Isto foi compreendido posteriormente pelo próprio Deleuze ao reconhecer que a verdadeira dinâmica do capitalismo levava à dissolução de estruturas disciplinares (como o estado, a família, o Édipo etc.). Por isto, ele deverá insistir que passamos de uma sociedade disciplinar a uma sociedade de controle: "os controles são uma modulação, como um molde autodeformante que muda continuamente de um instante a outro, ou como uma peneira cujas malhas mudam de um ponto a outro". Ou seja, não mais instituições normativas próprias a uma sociedade disciplinar, mas dispositivos de controle que absorvem, no interior de sua própria dinâmica, a multiplicidade, a flexibilização e a diferença.[106]

Se o capitalismo não é mais apenas um aparelho repressor, mas também um aparelho de captura que torna possível a circulação ilimitada do desejo, sua crítica deve passar pelos mecanismos de controle (e não mais de repressão) promovidos pelas formas de flexibilização de normas.

Também, para Deleuze e Guattari, fica óbvio que não se pode modificar as coisas sem a instituição de novos agenciamentos altamente diferenciados. Assim, as máquinas revolucionárias somente poderão mudar o mundo, somente poderão emergir e ter uma consistência que as faça efetivamente passar ao ato, com uma dupla condição. Primeiro, que tenham por objetivo a destruição das relações de exploração capitalistas e o fim da divisão da sociedade em classes, castas, raças, identidades etc. Segundo, que se estabeleça uma forte ruptura com todos os valores fundados na micropolítica do fascismo, do

---

105 Ibid., p. 4.
106 SAFATLE, Vladimir. *Cinismo e falência da crítica. Op. Cit.* p. 144. Versão digital.

poder territorializado, do falo, do músculo, entre outros. É, deste modo, que surge a questão da Esquizoanálise.[107]

> Não se trata, como podemos perceber, de uma nova receita psicológica ou psicossociológica, mas de uma prática micropolítica que só tomará sentido em relação a um gigantesco rizoma de revoluções moleculares, proliferando a partir de uma multidão de devires mutantes: devir-mulher, devir-criança, devir-velho, devir-animal, planta, cosmos, devir-invisível, tantas maneiras de inventar, de "maquinar" novas sensibilidades, novas inteligências da existência, uma nova doçura.[108]

A Esquizoanálise é o campo de saber político criado por Deleuze e Guattari, após as movimentações de maio de 1968 francês, tal campo propõe uma leitura das relações políticas, sociais, institucionais e clínicas não mais na relação entre família e neurose, como análise clínica da psicanálise, mas como trabalho complexo dos fluxos de desejos na relação entre *capitalismo e esquizofrenia*, fixando um novo paradigma: o ético-estético-político.[109] Nesta esteira, realiza-se uma grande crítica às formas de vida estratificadas, aos conjuntos sociais instituídos, às práticas políticas burocratizadas dos partidos e dos sindicatos, à castração, à repressão e à sobrecodificação do desejo.

É importante destacar essas características dos textos e do discurso de Deleuze e Guattari, visto que eles estão sempre integrados a um tipo particular de militância. Não existe pensar que não seja político, não existe política sem uma ação concreta e prática que se exprime e se inspira nesses escritos, dentro da famosa ideia de *práxis*, ultimamente tão esquecida.[110] A proposta

---
107 GUATTARI, Félix. *Revolução molecular:* pulsações políticas do desejo. São Paulo: Ed. Brasiliense, 1985, p. 139.
108 Ibid., p. 140.
109 Cf. Deleuze e Guattari. Introdução: Rizoma. In: DELEUZE e GUATTARI. *Mil platôs*: capitalismo e esquizofrenia. Volume 1. São Paulo: Editora 34, 2012.
110 BAREMBLITT, Gregório. *Introdução à Esquizoanálise*. Belo Horizonte: Biblioteca

de uma micropolítica é a ação política que acompanha a proposta analítica desses autores, que se chama esquizoanálise. Tal análise consiste em uma leitura do mundo, praticamente de "tudo" o que acontece no mundo, como diz Guattari em seu livro sobre as ecologias, sendo uma espécie de Ecosofia,[111] uma "episteme" que compreende um saber sobre a natureza, um saber sobre a indústria, um saber sobre a sociedade e um saber acerca da mente. Mas um saber que tem por objetivo a vida, no seu sentido mais amplo: o incremento, o crescimento, a diversificação, a potenciação da vida.[112]

Neste passo, a esquizoanálise será um processo de investigação, de produção de conhecimentos e de aplicação dos mesmos, para transformar o mundo (entendido no sentido tanto da organização social, como política, econômica, da subjetividade dos homens e ainda das máquinas que modificam por completo a relação entre homem e natureza). A esquizoanálise, que não tem por que ser feita por especialistas e que, além disso, cada um faz à sua maneira, a partir da inserção social que tenha e da causa em que esteja envolvido nas lutas do mundo (sexual, artística, política alternativa, industrial, militar etc.), se compõe de duas tarefas fundamentais.

A primeira consiste em uma raspagem, quer dizer, em um trabalho destrutivo das entidades da Superfície de Registro-Controle que afetem (e da maneira especial em que afetam) o território em que se movem os interessados. Por exemplo,

---

Instituto Félix Guattari, 2003, p. 15.
111 A Ecosofia de Guattari propõe um saber acerca do mundo da sociedade, do mundo da natureza e do mundo da mente, incluindo no mundo da sociedade a vida maquínica, o mundo das máquinas. É uma espécie de democracia nosológica: tudo tem o mesmo nível de valor, tudo é forma de vida, tudo é produtivo e tudo pode ser encaminhado no sentido de uma harmonia crescente. Mas esse trabalho de conhecer e de transformar não pode ser feito em nome de nenhuma entidade que seja considerada superior às outras, de nenhuma tirania, de nenhuma transcendência. Esta é mais ou menos uma forma de resumir essa questão (BAREMBLITT, 2003).
112 BAREMBLITT, Gregório. *Op. Cit.* p. 14 e 15.

digamos, na luta pelo direito à existência de uma singularidade sexual: "os homossexuais". Aí se tratará de entender e denunciar a lógica de dois valores com a qual o *socius* define o que é normal e o que não é normal em matéria de sexo. Mas isso também inclui um trabalho de destruição das leis que justificam o império da sexualidade pautada em dois valores, os preconceitos que afetam as singularidades sexuais no trabalho e na política etc. As tarefas negativas se superpõem e intrincam as positivas, por exemplo, a invenção de modos de viver, de critérios de valor, de obras artísticas, técnicas ou políticas, que são peculiares da singularidade cujo direito à existência se está procurando reivindicar.

Toda e qualquer montagem que se invente para realizar a esquizoanálise de toda e qualquer singularidade desejante produtiva, que se denomina agenciamento ou dispositivo, é aceitável. Todo dispositivo desse tipo terá de ter um componente pelo qual se constitui em uma "máquina de guerra", ou seja, em um agenciamento que tem por objetivo defender-se dos ataques da superfície de registro e/ou destruir os equipamentos com os quais a maquinaria repressiva tende a reprimir, eliminar ou capturar as singularidades produtivas desejantes.

É importante saber que essa micropolítica não está instrumentada por partidos políticos, embora não seja proibido exercê-la dentro deles. Não toma, como lugar privilegiado de atuação, a academia, com suas produções ortodoxas e rígidas. Não propõe a formação de uma igreja, mais ou menos despótica. Não necessita atuar dentro dos âmbitos do Estado, apesar de não se negar a fazê-lo. Não precisa dos partidos políticos tradicionais, nem dos sindicatos, especialmente se eles são corporativos. Não define um campo de esquerda mais ou menos global, que seria melhor do que o de direita.

A proposta é a de uma política que se pode fazer em todo e qualquer pequeno, médio ou grande âmbito em que transcorre a vida humana, a política dos movimentos singulares, dos movimentos que exprimem idiossincrasias, a política feminista, a política dos movimentos homossexuais, a política das minorias raciais, a política dos imigrantes, a política dos sem-terra, a política de todos aqueles que sofrem a exploração, a dominação, a mistificação do mundo atual, mas que não pertencem necessariamente aos organismos, às entidades molares respeitadas e consagradas pelo mundo em que vivemos, e que são responsáveis pelo mundo estar como está. É uma política baseada em uma proposta básica que diz que a essência da realidade é a imanência do desejo e da produção.

3
O "EFEITO DELEUZE" PARA A FILOSOFIA DO DIREITO

> *Quando se trabalha, a solidão é, inevitavelmente, absoluta. Não se pode fazer escola, nem fazer parte de uma escola. Só há trabalho clandestino. Só que é uma solidão extremamente povoada. Não povoada de sonhos, fantasias ou projetos, mas de encontros. Um encontro é talvez a mesma coisa que um devir ou núpcias. É do fundo dessa solidão que se pode fazer qualquer encontro. Encontram-se pessoas (e às vezes sem as conhecer nem jamais tê-las visto), mas também movimentos, ideias, acontecimentos, entidades. Todas essas coisas têm nomes próprios, mas o nome próprio não designa de modo algum uma pessoa ou um sujeito. Ele designa um efeito, um zigue-zague, algo que passa ou que se passa entre dois como sob uma diferença de potencial: "efeito Compton", "efeito Kelvin".* (Gilles Deleuze, Diálogos, 1998)

Inicialmente, é importante relembrar que este livro demonstra, em algumas passagens, que Deleuze não é um ponto final, mas um ponto de partida. Isto fica extremamente evidente em textos como "Mil platôs não formam uma montanha..."[1] ou "Ninguém é deleuziano".[2] Ora, por que isto é importante? Pelo fato de que, como se demonstrará, não há uma filosofia do direito de Deleuze, mas uma filosofia do direito que poderá ser concebida através do pensamento deleuziano. Utilizar as poucas análises "legais" de Deleuze para formar uma filosofia jurídica é extremamente perigoso e pode levar o leitor a algumas análises reacionárias e contrárias ao sistema de pensamento do devir revolucionário deste autor. Assim, primeiramente é preciso lembrar que Deleuze não representa uma identidade para a filosofia do direito, mas um possível efeito, o "Efeito Deleuze"[3] para a filosofia do direito.

Nesta esteira, a filosofia deleuzeana deve funcionar, para o direito, como um operador de desentranhamento da filosofia contemporânea diante de um mundo filosófico que decerto, por muito tempo, se acomodou a uma divisão geo-histórica em dois blocos (fenomenológico e analítico),[4] devendo recuperar a plena autonomia de pensamento desde o momento em que a filosofia não é mais concebida a partir dos efeitos do domínio de uma reflexão sobre algo. Não sendo mais uma filosofia meramente reflexiva, mas criadora, dominando as potências do "fora" que o pensador pode se empenhar em captar a forma de "ideias vitais" e de conceitos cuja função é a de "dizer o acontecimento (e não mais a essência)".[5]

---

1 ESCOBAR, Carlos Henrique (Org.). *Op. Cit.* p 10.
2 ROLNIK, Suely. Disponível em: <www.pucsp.br/nucleodesubjetividade/Textos/SUELY/ninguem.pdf>. Acesso em: 30 mar. 2015.
3 A teoria dos nomes próprios não deve ser concebida em termos de representação, porque remete à classe dos "efeitos": estes não são uma simples dependência das causas, mas o preenchimento de um domínio, a efetuação de um sistema de signos. Vê-se bem isso em física, em que os nomes próprios designam tais efeitos destes em campos de potenciais (efeito Joule, efeito Seebeck, efeito Kelvin). E na história é como na física: há um efeito Joana D'Arc, um efeito Heliogábalo – todos os nomes da história e não o nome do pai. (DELEUZE e GUATTARI, 2010).
4 ALLIEZ, Eric (Org.). *Op. Cit.* p. 13.
5 Ibid., p. 13-14.

Ademais, para tal empreitada se faz imprescindível (e mais proveitosa) a utilização do estilo de filosofar do próprio autor, criando conceitos e fazendo colagens filosóficas de outros autores ricos em pensamentos, método de "collage" na história da filosofia que ele tinha praticado na década de 1960, e que ele justificará em *Diferença e repetição* como dando origem a "um Hegel filosoficamente barbudo, um Marx filosoficamente glabro, do mesmo modo que uma Gioconda bigoduda".[6]

Insta evidenciar também que aparecerão importantes questões filosóficas, relacionadas ao direito, em que há um inextricável emaranhado de filósofos que formaram o pensar de Deleuze e, também, grandes lacunas que deverão ser preenchidas com a utilização de outros pensadores. Por sim, mais uma vez os usuais títulos de representação – "Deleuze e o Direito", "Deleuze e a Lei", entre outros –, já trazem em si uma certa ambivalência. Sim, evidente que, por tratar de regulação dos modos de vida, Deleuze faz, recorrentemente, comentários, inclusive autobiográficos, sobre lei, jurisprudência e sobre direito, todavia, o mais profundo trabalho do autor sobre normatização, axiomas e códigos é escrito em conjunto com Guattari, através de diversas outras correntes filosóficas. Portanto, para o trabalho sobre filosofia jurídica é preciso uma crítica muito mais complexa e profunda que qualquer mera representação/reprodução das ideias do autor.

Isto leva a outro ponto importante. Em momentos-chave outros pensadores deverão ser cooptados e colacionados para tapar as lacunas, resolver os quebra-cabeças ou adicionar conceitos importantes não analisados por Deleuze, ou mesmo Deleuze-Guattari, no âmbito da filosofia do direito. Para tal empreendimento, serão imprescindíveis pensadores como: Nietzsche, Bergson, Marx, Foucault, Agamben, entre outros.

---

6 DELEUZE, Gilles. *Diferença e repetição. Op. Cit.*

Pode-se usar como exemplo, um dos conceitos centrais que atravessa a filosofia política de Deleuze, do qual a concretização do assunto em recorte deverá, também, ser examinado, que é o de "biopoder".[7] Tal conceito articulado por Michel Foucault[8] e que chama atenção, mais recentemente, na obra de Giorgio Agamben, reconhece que a relação entre a vida e a lei é extremamente antiga e necessária na medida em que a lei deve operar em corpos, mas só pode fazê-lo através da criação de uma fronteira entre o corpo da política.[9] Tal questão não poderia deixar de ser analisada.

Assim, vale a pena refletir sobre a natureza eclética dessas conexões, que mais uma vez mostra a instabilidade e abertura em torno do projeto de uma filosofia de Deleuze-Guattari do direito, até porque seus pensamentos são essencialmente hostis a uma filosofia propriamente jurídica, já que o mapeamento da natureza radical de pensamento como a criatividade aberta é resistente a uma base de formas de construção jurídica (Estado-

---

7 Em suma, pode-se definir biopoder como: "assumindo duas formas: consiste, por um lado, em uma anátomo-política do corpo e, por outro, em uma biopolítica da população. A anátomo-política refere-se aos dispositivos disciplinares encarregados do extrair do corpo humano sua força produtiva, mediante o controle do tempo e do espaço, no interior de instituições, como a escola, o hospital, a fábrica e a prisão. Por sua vez, a biopolítica da população volta-se à regulação das massas, utilizando-se de saberes e práticas que permitam gerir taxas de natalidade, fluxos de migração, epidemias, aumento da longevidade" (FURTADO, Nogueira; CAMILO, Juliana, 2016, p. 34).

8 "É por essa razão que o pensamento de Foucault é extremamente crítico. Sua indagação não é a respeito da harmonia da sociedade, de seu funcionamento contratual, mediante a concordância dos sujeitos. Pelo contrário, é a respeito dos instrumentos e mecanismos da dominação, que estão nas grandes questões políticas e sociais, mas também nos pequenos e quotidianos arranjos do poder, na família, no grupo social, na vizinhança e na escola, por exemplo (...) O direito, para Foucault, é considerado não mais como uma legitimidade formal cuja soberania seja haurida da vontade da sociedade. O direito e o campo judiciário são percebidos a partir de suas relações de dominação e de suas técnicas de sujeição polimorfas, isto é, que se valem de inúmeras formas de imposição" (MASCARO, 2015).

9 Agamben assevera que: "morte impediu que Foucault desenvolvesse todas as implicações do conceito de biopolítica e mostrasse em que sentido teria aprofundado ulteriormente a sua investigação; mas, em todo caso, o ingresso da *zoé* na esfera da pólis, a politização da vida nua como tal constitui o evento decisivo da modernidade, que assinala uma transformação radical das categorias político-filosóficas do pensamento clássico" (AGAMBEN, 2007, p. 12).

-normativa) e de sua aplicação. Para preencher este espaço vazio sobre as possiblidades de um direito criativamente aberto, serão utilizados pensadores marxistas que também vão além da forma jurídica e estatal do capital e buscam um modo novo de organização jurídica, uma possibilidade "de fora" desta realidade.

Desta feita, os fatos textuais acima justificam uma filosofia do direito de Deleuze pouco promissora, caso sejam utilizadas apenas as questões propriamente jurídicas de seus textos. Deleuze escreve pouco sobre lei como disciplina ou prática. Seus mais conhecidos comentários diretos sobre o assunto são afirmações gerais e um tanto quanto anedóticas que provêm de entrevistas com Claire Parnet em uma série de entrevistas para a televisão chamada "*L'abécédaire de Gilles Deleuze*", que pode ser encontrada transcrita em "*O abecedário de Gilles Deleuze*", e em entrevistas com Antônio Negri, com Raymond Bellour e com François Ewald, reproduzidas em texto no livro *Conversações*.[10] Se comparado com os escritos sobre literatura, cinema, política e outros percebe-se que ele não desenvolveu muito sobre lei ou direito.

Com isto, alguns textos tentam dar uma sensação de estilo, ao utilizar tais diálogos como um metadiscurso que fundamentaria uma filosofia do direito em Deleuze. Um dos comentários mais conhecidos de suas entrevistas é a afirmação de que Deleuze teria estudado direito se ele não tivesse se tornado filósofo[11] e que no começo de sua carreira como pensador, Deleuze se interessava mais pelo direito do que pela política.[12] Todavia, como de costume, deve-se atentar a direção de seus diálogos que possuem, muitas vezes, uma postura lúdica de suas entrevistas, há sempre um tom de ironia, de provocação, uma tática deleuziana para

---
10 DELEUZE, Gilles. *Conversações. Op. Cit.*
11 "Se não tivesse feito Filosofia, teria feito Direito. Mas não Direitos Humanos. Teria feito jurisprudência, porque é a vida! Não há Direitos Humanos, há direitos da vida" (DELEUZE, 1996).
12 DELEUZE, Gilles. *Conversações. Op. Cit.*, p. 209-210.

tornar o seu pensamento como um evento multicamadas, como uma demanda bem-humorada para a interpretação. Seria cômica a versão de um possível mundo de "Deleuze: o advogado".

Outro ponto sempre utilizado em textos sobre Deleuze e sua relação com o direito é o fato de que o que interessa para ele são as jurisprudências, que, resumidamente, significariam a construção do direito caso a caso. Para exemplificar esse tipo de jurisprudência ele apela para uma mudança na legislação francesa sobre a possibilidade de alguém fumar dentro de um táxi. Em tempos atrás, um sujeito processou um taxista por ser proibido de fumar dentro do veículo, o "táxi" foi condenado com a fundamentação de que "o usuário do táxi é comparado a um locatário que tem o direito de fumar em sua casa, direito de uso e abuso. É como se eu alugasse um apartamento e a proprietária me proibisse de fumar em minha casa. Se sou locatário, posso fumar em casa. O táxi foi assimilado a uma casa sobre rodas da qual o passageiro era o locatário".[13]

Todavia, alguns anos depois, tornou-se proibido qualquer sujeito fumar em um táxi na França, pois "o táxi não é mais assimilado a uma locação de apartamento, e sim a um serviço público. Em um serviço público, pode-se proibir de fumar".[14] Assim, finaliza Deleuze: "Tudo isso é jurisprudência. Não se trata de direito disso ou daquilo, mas de situações que evoluem. E lutar pela liberdade é realmente fazer jurisprudência".[15] Supostamente, mas não totalmente convincente para o direito, o caso torna-se lei. Há um certo romantismo neste caso, bem como uma certa superficialidade sobre os conceitos e os sistemas de normativos e jurisprudenciais, devendo tal discurso ser considerado e analisado de maneira sistemática com o pensamento deleuziano,

---

13 DELEUZE, Gilles. *O abecedário de Gilles Deleuze*. Transcrito, traduzido e disponibilidade em: <http://stoa.usp.br/prodsubjeduc/files/262/1015/Abecedario+G.+Deleuze.pdf>. Acesso em: 30 mar. 2015, p. 39.
14 Ibid., p. 39.
15 Id., Ibid.

sob risco de ser observado de maneira conservadora ou reacionária. Ora, se tudo depende de cada caso e da transformação molecular da jurisprudência em lei, parece clara uma visão jurídica parecida com a *common law*, em que tudo é possível de acordo com a subjetividade do julgador.

Deste feita, deve-se sempre ficar atento ao compromisso de Deleuze e Guattari com a jurisprudência, uma peça central para a possibilidade de uma filosofia do direito, que pode ser (má) compreendida como conservadora e à direita, em contraste com as suas lutas de esquerda mais familiares para as minorias. O romantismo sobre a jurisprudência pode tornar aliados estranhos para Deleuze e Guattari. Neste sentido, pode-se destacar, por exemplo, o artigo de David Saunders, que levanta a dúvida sobre a natureza progressista do pensamento de Deleuze, bem como as preocupações do referido autor sobre a ambiguidade e natureza contraditória das declarações raras e rasas de Deleuze sobre a lei e o direito: a dialética difícil entre jurisprudência e legislação baseada em código, onde o rótulo "progressista", entendido como um esforço para defender os direitos das minorias em situações específicas, dependente de atores, fatores e poderes diversos destes "casos-situações".[16]

Por isto, deverão ser tratados alguns temas propedêuticos (já abordados neste livro) e outros autores para a reflexão sobre a possibilidade e a situação do direito ou "dos direitos" após Deleuze e o possível efeito de seu pensamento para uma filosofia do direito. Neste ponto, importante se faz a análise das filosofias marxistas do direito, não por questões aleatórias, mas pela importância da filosofia de Marx no livro que servirá de base para o pensamento de uma filosofia do direito através de Deleuze: *O anti-Édipo*. É nesta obra que, em primeiro lugar, Deleuze e Guattari vão criticar os códigos transcendentes, os

---

[16] SAUNDERS, David. *Cases against transcendence*: Gilles Deleuze and Bruno Latour in defense of law. In: Deleuze and Law. Reino Unido: Edinburgh University Press, p. 185-203.

axiomas e leis, pelas insuficiências destas abstrações em relação a casos singulares. Em segundo lugar, é neste livro que Deleuze e Guattari, irão demonstrar como estas formas transcendentes também estão prejudicadas, através de uma análise marxista, nietzschiana e foucaultiana, por suas genealogias escondidas e pela "falsa consciência que o ser capitalista tem necessariamente de si e dos elementos cristalizados do conjunto de um processo",[17] como pressupôs Marx.

Assim, o direito deve ser analisado, também, como derivado do sistema de produção, já que, como expõe os autores, tudo é produção: "De modo que tudo é produção: produção de produções, de ações e de paixões; produções de registros, de distribuições e de marcações; produções de consumos, de volúpias, de angústias e de dores. Tudo é de tal modo produção que os registros são imediatamente consumidos, consumados, e os consumos são diretamente reproduzidos".[18]

Ademais, criticam os autores em *O anti-Édipo* que as Leis transcendentes são abstraídas arbitrariamente a partir do "progresso" histórico. Suas reivindicações à universalidade são, portanto, ilegítimas em termos de sua própria história, de sua heterogeneidade interna e conflitante, logo, os fundamentos para as leis abstratas são miraculosos quando eles fazem reivindicações à universalidade, pureza ou atemporalidade, pois são frutos de uma análise idealista de uma "história universal". Todavia, assevera os autores, que tudo deve ser analisado através de seu processo de produção, de ruptura, de conflitos. Portanto, "é procedente compreender retrospectivamente toda a história à luz do capitalismo, mas sob a condição de se seguir exatamente as regras formuladas por Marx: primeiramente, a história universal é a das contingências, e não a da necessidade; é a dos

---
17 DELEUZE, Gilles; GUATTARI, Félix. *O anti-Édipo*. Op. Cit. p. 40.
18 Ibid., p. 14.

cortes e dos limites, e não a da continuidade".[19] Assim, pode se compreender em *O anti-Édipo* que códigos e leis são criações que podem parecer unificadas e contínuas, mas que evoluem através da operação de múltiplos eventos heterogêneos que não podem ser reduzidas a qualquer código ou lei.

Deste modo, se Deleuze, e Deleuze e Guattari, parecem ter recuperado uma potência crítica e modificado paradigmas importantes, então que consequências estas transformações influenciariam o paradigma crítico para uma teoria do direito? Em termos de teoria jurídica isso resultou em uma leitura altamente específica do pensamento francês do século XX: "lei" começou a ser pensada não apenas como leis positivas e/ou como as tradições do sistema/ordenamento jurídico, mas uma condição para a possibilidade da experiência em geral. Esta expansão do conceito tradicional do direito pode ser evidenciada em obras como a de Jacques Derrida, em *Força da Lei*, e em várias passagens de obras de Jacques Lacan, nas quais foi assumido que "lei" pode referir-se tanto para a condição geral de ser submetido a algum sistema de ordem,[20] como também a um sistema normativo de legalidade. É este conceito de direito/lei como uma condição de habilitação para a subjetividade e constituição do "sujeito de direito" que pode ser encontrada na crítica do direito de Deleuze-Guattari.

A crítica deve ser analisada sob as formas em que a lei tem sido base de um "despotismo do significante", ou a suposição

---

19 Ibid., p. 185.
20 "Leis não escritas – sejam as primeiras representadas pela lei da castração, isto é, a lei do interdito do incesto e do parricídio, que nos obriga à dívida com a linguagem que nos fez humanos, sejam as leis divinas das quais fala Antígona –, e da sua tensão com as leis particulares do direito, sempre insuficientes e, por isso mesmo, transformáveis (porque desconstruíveis, reinterpretáveis). Lacan no Seminário da Ética – é a tragédia da justiça como experiência impossível, uma vez que na experiência da aporia encarnada por Antígona e Creonte, através do embate entre as Leis não escritas defendidas por Antígona e as leis da cidade sustentadas por Creonte, inaugurando o direito da polis grega, pratica-se o indecidível entre duas posições. Neste indecidível mora apenas o apelo infinito por justiça".

de que a vida só pode ser experimentada desde que seja mediada ou constituída através de um simbólico sistema de linguagem que a estrutura. O direito deve ser analisado como um dos aparelhos-poder, ou um dos aparatos do aparelho de Estado, para apropriação dos corpos para fazer dos indivíduos e dos seus órgãos peças e engrenagens da máquina social. "A essência do *socius* registrador, inscritor, enquanto atribui a si próprio as forças produtivas e distribui os agentes de produção, consiste nisto: tatuar, excisar, incisar, recortar, escarificar, mutilar, cercar, iniciar".[21]

> Ewald mostrou como os direitos do homem não se contentavam com um sujeito de direito, mas colocavam problemas jurídicos bastante interessantes. E, em muitos casos, os Estados que espezinham os direitos do homem são uma espécie de excrescências ou dependências daqueles que deles reclamam, que se diriam duas funções complementares. (...) Falam-nos do futuro da Europa, da necessidade de colocar de acordo os bancos, as seguradoras, as empresas, as polícias, consenso, mas, os devires das pessoas, a Europa prepara-nos estranhos devires como novos 68? O que é que as pessoas vão se tornar? É uma questão cheia de surpresas, que não é a do futuro, mas a do atual ou intempestivo. Os palestinos são o intempestivo do Oriente Médio, que levam ao ponto mais alto a questão do território. Nos Estados de não-direito, o que conta é a natureza dos processos de libertação, forçosamente nômades. E nos Estados de direito, não são os direitos adquiridos e codificados, mas tudo o que causa atualmente problema para o direito e pelos quais o adquirido se arrisca sempre a ser colocado em questão. Não nos faltam tais problemas, atualmente o código civil tende a rebentar por todos os lados e o código penal conhece uma crise igual à das prisões. O que é criador de direito não são os códigos ou as declarações, mas a jurisprudência.[22]

---

21 Ibid., p. 191.
22 ESCOBAR, Carlos Henrique (Org.). *Dossier Deleuze. Op. Cit.* p. 10.

A desconstrução do direito como tal – aparelho de inscrição e registro – é medida que se impõe para a filosofia do direito através do pensamento deleuziano. Imperioso se faz essa passagem do transcendente à criação, à constituição de linhas de fuga em direção ao novo jurídico. Este que deve definir-se, em primeiro lugar, pela assunção da tarefa de desfazer a transcendência, recolocando o direito na imanência, abrindo-lhe a possibilidade de uma filosofia jurídica de imanência. Em segundo lugar, a ruptura se define pelo fato de que, ao desfazer a transcendência, constitui uma mediação e instaura uma não relação entre direito e subjetividade e entre poder e vida. Ao mesmo tempo, persiste para além da ruptura considerada em si mesma; isto é, a possibilidade de uma invenção de uma subjetividade que já não se deixa fazer referência pela imobilidade do sujeito, como a tradição ocidental o conheceu, e também abre vias à possibilidade de um novo direito, de uma nova filosofia do direito, uma filosofia do direito que se pensa, desde logo, sobre o plano de imanência, e a ele não escapa.

Dessa forma, além de analisar de que maneira o filósofo francês utilizou-se de um domínio não filosófico para criar o conceito, pode-se compreender em que medida o combate à transcendência da lei e do juízo teriam se tornado um potente motor da filosofia deleuziana.

3.1. A Lei como processo de produção e o desenvolvimento da subjetividade jurídica

Colocar o problema da constituição em um espaço europeu significa constitucionalizar o devir [...] E será que podemos constitucionalizar o devir? Isso só será possível se pudermos imaginar tal constituição como um software, como um conjunto de técnicas previstas para mudar as regras à medida que se modifica o conteúdo de sua aplicação. E o método geral é privilegiar a minoria. A minoria é uma linha de fuga ao longo da qual uma rede cresce, se desenvolve e se transforma. Na rede, o governo das minorias está na ordem do dia. (Franco Berardi)

Em *O anti-Édipo*, Deleuze e Guattari vão fazer uma inovação conceitual e terminológica de grandes ambições, que podem ser resumidas em: a) uma teoria "ecossocial" de produção, englobando ambos os lados das máquinas natureza-cultura que funciona como uma ontologia de mudança, transformação, ou um "tornar-se"; b) uma análise das contingências da "história universal" perpassada por formações sociais – selvagem ou tribais, bárbaros ou despóticos e o capitalista – que funcionam como uma ciência social sintética; c) e para ser possível uma análise sob estas perspectivas, Deleuze e Guattari fazem uma crítica das versões modernas do Marxismo e do Freudismo. No exercício das suas ambições, *O anti-Édipo* tem suas virtudes e seus defeitos, faz conexões inimagináveis entre elementos díspares, mas ao custo de esquema conceitual muito complexo.[23]

Assim, o referido livro identifica dois registros primários da produção desejante: o natural ou metafísico e o "histórico" (das contingências) ou social. Ambos relacionam-se da seguinte forma: produção desejante natural é aquela que as máquinas sociais reprimem, mas também é aquilo que é revelado no capitalismo no final da história (a história contingente, isto é, aquela que evita as leis dialéticas da história). O capitalismo libera a produção desejante ao mesmo tempo que busca controlá-la com suas instituições como propriedade privada, família, a padronização do "Édipo" e as produções normativas/legais. O capital, com suas instituições, busca a interrupção ou o bloqueio do processo de produção desejante, retirá-lo da natureza e da sociedade e restringi-lo ao corpo de um indivíduo, que gira no vazio, mantido em uma prisão subjetiva, produzida através de

---

23 Gilles Deleuze (Stanford Encyclopedia of Philosophy). Disponível em: <http://plato.stanford.edu/entries/deleuze/>. Acesso em: 20 fev. 2015.

um sistema de significação. Assim, "as formas de dominação do capitalismo correspondem as formas de dominação jurídica".[24]

O indivíduo é aquele "determinado pelas instituições legais e legalizadas, nas quais ele 'se imagina', a tal ponto que, até mesmo em suas perversões, o Eu se conforma com o uso exclusivo das disjunções imposta pela lei (homossexualidade edipiana, por exemplo)".[25]

Deste passo, para compreender o significado da "história universal", sua importância e como ela é delineada no *O anti-Édipo*, necessário observar as formas sociais, políticas e normativas que considerem as sociedades capitalistas modernas como contingentes em suas singularidades. É com esta sistemática que Deleuze e Guattari irão distinguir e criticar a "lei" em dois sentidos. Em primeiro lugar, os autores vão desafiar a transcendência da lei e, para fazer isto, eles analisam a "história real" que traça a gênese da lei e, em seguida, analisam esta história sob o que eles denominam de "máquinas sociais e desejantes", defendendo modelos de operações que sejam irredutíveis ao conceito transcendente de lei. Em segundo plano, para substituir as questões transcendentes, Deleuze e Guattari irão traçar uma teoria do virtual, revelando um outro, diferente e imanente conceito de lei. Ou seja, é preciso analisar o evento como produção histórica, seus acoplamentos, seus agenciamentos, suas conexões, suas sínteses, bem como o evento em si, como produção de si mesmo, de suas potências, possibilidades e afetos.

Sob uma perspectiva marxista, os autores observam que o surgimento da lei através da história passa por rupturas e contingências, que vai da transição de um "teatro de crueldade", nas sociedades primitivas, para um "despotismo do terror", através do "significante despótico" nas sociedades bárbaras e, finalmente, chega ao cinismo do capitalismo, uma lei cooptada

---

24 MASCARO, Alysson. *Introdução ao estudo do direito*. 4. ed. São Paulo: Atlas, 2013, p. 43.
25 DELEUZE, Gilles; GUATTARI, Félix. *Op. Cit.* p. 89.

pelo aparelho do Estado sedentário, que normatiza os corpos e captura as singularidades. Assim, pode se observar que o aspecto mais importante da história do direito encontra-se em uma descrição de sua concepção pré-despótica e, portanto, pré-legal da sociedade. Eles insistem que a compreensão contemporânea do direito, baseada em um metadiscurso transcendente da lei/norma, pode ser suplantado por uma consciência de outros modos de construção de produção normativa que seja traçado por um plano imanente.

> Marx dizia: o mérito de Lutero foi ter determinado a essência da religião não mais do lado do objeto, mas como religiosidade interior; o mérito de Adam Smith e de Ricardo foi terem determinado a essência ou a natureza da riqueza não mais como natureza objetiva, mas como essência subjetiva abstrata e desterritorializada, atividade de produção em geral. Porém, como esta determinação se faz nas condições do capitalismo, eles objetivam de novo a essência, alienam-na e reterritorializam-na, mas agora sob a forma da propriedade privada dos meios de produção. Desta maneira, o capitalismo é, sem dúvida, o universal de toda sociedade, mas apenas na medida em que é capaz de levar até certo ponto sua própria crítica, isto é, a crítica dos procedimentos pelos quais ele reencadeia o que, nele, tendia a libertar-se ou a aparecer livremente.[26]

Neste ponto, é necessária a criação de uma relação entre os pensamentos de Deleuze, de Deleuze-Guattari, e Derrida. Os métodos "pós-estruturalistas" desconstrutivistas de ambos, criam uma convergência sobre a teoria da Origem (da Gênese ou do Rastro). Tanto a teoria de Deleuze, como a de Derrida, insistem que qualquer Ser é constituído sob o efeito de algum processo de gênese, eles também evidenciam que somente é possível conceber as potencialidades virtuais que tais gêneses

---

26 DELEUZE, Gilles; GUATTARI, Félix. *Op. Cit.* p. 358.

podem produzir, não é possível reconhecer o ponto nodal da estrutura, até porque o centro (propriamente dito) da estrutura não existe.[27]

Derrida continuamente insistiu que só reconhecemos a gênese que a própria estrutura permite. Isso fica evidente nos escritos deste pensador já em seus primeiros ensaios sobre a cultura e o surgimento das relações sociais. Em resposta a Lévi-Strauss que argumenta que a cultura emerge com a proibição do incesto ou a sujeição dos corpos naturais a uma ordem de troca, Derrida observa que essa distinção entre desejos pré-culturais e estruturas sociais deve contar apenas como um sistema de distinções, ou seja, que sempre está dentro da própria diferença. Assim, se faz necessária a desconstrução da "origem" histórica, visto que, para postular ingenuamente um discurso metafísico das origens das proibições, sempre são utilizadas relações instituídas e imaginárias, ou construídas pela própria máquina social, já que a origem pré-sistêmica é efetuada a partir do próprio sistema.[28]

A mesma crítica é feita por Deleuze e Guattari quando dirigem seus argumentos contra a naturalização/padronização do Édipo ou contra o sistema normativo/simbólico do capitalismo. A crítica é feita no sentido de que Édipo é necessariamente uma imposição normativa. Ademais, é uma censura feita àqueles que buscam "fundar a universalidade de Édipo para além da variabilidade das imagens, soldar ainda melhor o desejo à lei e à proibição, e levar ao máximo o processo de edipianização do inconsciente".[29]

Contudo, como eles evidenciam, este não é o caso, visto que os corpos desejantes são constituídos não por imposição normativa, mas através de cortes, rupturas e contingências das produções. Não é através da proibição ou sujeição que um

---
27 DERRIDA, Jaques. *Escritura e desconstrução. Op. Cit.* p. 242.
28 DERRIDA, Jaques. A estrutura, o signo e o jogo no discurso das ciências humanas. In: *A escritura e a diferença*, p. 229-252.
29 DELEUZE, Gilles; GUATTARI, Félix. *Op. Cit.* p. 116.

sujeito é constituído, "isto porque os rigores da lei só aparentemente exprimem o protesto do uno, e encontram, ao contrário, seu verdadeiro objeto na absolvição dos universos fragmentados, nos quais a lei nada reúne no todo, mas, ao contrário, mede e distribui os desvios, as dispersões, as explosões daquilo que extrai da loucura sua inocência".[30] No caso de Deleuze-Guattari, a crítica é clara: a maneira com que a psicanálise procura socializar o desejo *produz* um desejo marcado pela negatividade, pela perda, pelo conflito, desejo como falta que nos remete, afinal de contas, a Hegel. Toda a moral hegeliana da negatividade estaria presente na clínica psicanalítica graças, principalmente, a Jacques Lacan. Contra isto, uma verdadeira crítica social deveria começar como clínica capaz de produzir um curto-circuito nesta forma de socialização normativa.[31]

Ora, por mais que os corpos e as suas produções sejam dominados ou "sobrecodificados" através da imposição do significante despótico que internaliza o desejo sob a forma de complexo de Édipo. Isto não reduz o desejo a este significante. "Desde que façamos o desejo depender do significante, sujeitamos o desejo ao jugo de um despotismo que tem por efeito a castração, aí onde se reconhece o traço do próprio significante; mas o signo do desejo nunca é significante, encontrando-se, isto sim, nos mil e um cortes-fluxos produtivos que não se deixam significar no traço unário da castração, sempre um ponto-signo de várias dimensões, a plurivocidade como base de uma semiologia pontual".[32]

Para explicar como o sujeito é aprisionado à imposição dos códigos, Deleuze e Guattari fazem uma comparação entre a economia primitiva e a economia despótica, assim como os pensadores fazem, em paralelo, uma comparação entre uma

---

30 Ibid., p. 63.
31 SAFATLE, Vladimir. *Op. Cit.* p. 11.
32 DELEUZE, Gilles; GUATTARI, Félix. *Op. Cit.* p. 153.

"mais-valia de código"³³ desfrutado pelos déspotas e o processo geral de "descodificação" do capitalismo. O corpo social produz material para o consumo através das suas interações e processos técnicos. Uma determinada parte da produção será extraída pelo déspota. É neste consumo excessivo de que o corpo do déspota transforma a circulação de mercadorias em um significante para o estabelecimento de sua soberania. Nesta manobra um corpo é fixado acima do corpo social para definir o seu ponto de ordem, o ponto de que pode ser territorializado. Deleuze e Guattari descrevem o déspota como aquele que submete a aliança social (relações entre as tribos e os organismos) para a filiação. O déspota afirmará ser extensão terrena com aliança direta dos deuses.

O corpo do déspota, portanto, está fora do território de produção, como um ponto de antiprodução. É este ponto de imobilidade que submete as relações e os fluxos de produção para uma aparente transcendência ou ponto de consumo abstrato.³⁴ Os bens consumidos pelo déspota como excessos são, portanto, produtos de uma mais-valia de código, permitindo que a máquina social seja explicada e mantida por um corpo que não é parte da máquina de produção, mas transcende a ela. Assim, submete os homens à nova inscrição imperial, ao novo corpo pleno, ao novo *socius*:³⁵

> Longe de ser uma consequência patológica, o desequilíbrio é funcional e principal. Longe de ser a extensão de um sistema inicialmente fechado, a abertura é primeira, abertura

---

33 "Butler encontra o fenômeno da mais-valia de código, quando parte de uma máquina capta em seu próprio código um fragmento de código de outra máquina e, assim, se reproduz graças a uma parte de outra máquina: o trevo vermelho e o zangão; ou então a orquídea e a vespa macho que ela atrai, que ela intercepta, porque sua flor é portadora da imagem do odor da vespa fêmea" (DELEUZE; GUATTARI. *O anti-Édipo*, 2010, p. 376).

34 "Neste sentido, o Estado despótico é certamente a origem, mas a origem como abstração que deve compreender sua diferença em relação ao começo concreto" (DELEUZE, Gilles; GUATTARI, Félix. *O anti-Édipo. Op. Cit.* p. 290).

35 DELEUZE, Gilles; GUATTARI, Félix. *O anti-Édipo. Op. Cit.* p. 258.

> fundada na heterogeneidade dos elementos que compõem as prestações e compensam o desequilíbrio, deslocando-o. Em suma, os desligamentos de cadeia significante, feitos segundo as relações de aliança, engendram mais-valia de código no nível dos fluxos, de onde derivam diferenças de estatuto para as linhas filiativas (por exemplo, o grau superior ou inferior dos doadores e tomadores de mulheres). A mais-valia de código efetua as diversas operações da máquina territorial primitiva: desligar segmentos de cadeia, organizar as extrações de fluxos, distribuir as partes que cabem a cada um.[36]

Isto permite verificar uma relação entre direito e o poder como uma forma de desterritorialização. Máquinas sociais começam como territórios, ou sistemas relativamente estáveis de relações que permitem a produção (corpo plano da terra). Posteriormente, advertem Deleuze-Guattari, o corpo da máquina social aparece como uma questão de regulamentação para, em seguida, reterritorializar e sobrecodificar o *socius*, muda-se, então, de uma sociedade primitiva para a máquina social despótica, desenvolvendo um conjunto de leis que sobrecodifica o todo. Assim, afirmam os autores que:

> Segundo a descrição marxista: um aparelho de Estado se erige sobre as comunidades agrícolas primitivas, que têm já códigos de linhagem territoriais; mas ele os sobrecodifica, submete-os ao poder de um imperador déspota, proprietário público único e transcendente, mestre do excedente ou do estoque, organizador dos grandes trabalhos (sobretrabalho), fonte de funções públicas e de burocracia. É o paradigma do laço, do nó. Tal é o regime de signos do Estado: a sobrecodificação ou o Significante.[37]

---

36 Ibid., p. 200.
37 DELEUZE, Gilles; GUATTARI, Félix. *Capitalismo e esquizofrenia*. Volume 5. *Op Cit.* p. 101.

Deste modo, só se pode estar sujeito na medida em que os indivíduos são submetidos a sistemas de significação – e que fora a lei só existe o caos e o terror do indiferenciado – simplesmente substitui o terror abstrato do significante para o concreto poder do déspota.[38]

Deleuze e Guattari vão defender a ideia de que os sujeitos estão necessariamente mediados pela transcendência e, assim, vão insistir, em um "arcaísmo",[39] que permite que o déspota continue a existir de uma maneira internalizada e abstrata no interior do sujeito. Tal noção, então, estabelece uma "justiça" como ausência/falta, inatingível, sempre adiada, mas sempre advertindo o sujeito das possibilidades ideais, como algo profundamente edipiano e monta uma "máquina infernal que solda o desejo à lei".[40]

Já não existe o "Ser déspota" que punirá violentamente o sujeito pela desordem da máquina social, ao invés disso, o próprio sujeito imagina que não há nenhuma outra possibilidade além de sua submissão aos sistemas. Portanto, "o sistema da subordinação ou da significação substituiu o sistema da conotação".[41] É a submissão por vontade própria. Além do sistema normativo de regulamentação, existe o pesadelo do caos do diferente. Assim como ocorre com Édipo, quando o sujeito submete o desejo ao diferimento e à falta o sujeito está se submetendo e obedecendo a uma lei estrutural da humanidade civilizada.

---

38 DELEUZE, Gilles; GUATTARI, Félix. *O anti-Édipo. Op Cit.* p. 283.
39 "O significante, terrível arcaísmo do déspota em que ainda se procura o túmulo vazio, o pai morto e o mistério do nome. E talvez seja isto que anima hoje a cólera de certos linguistas contra Lacan, assim como o entusiasmo dos adeptos: a força e a serenidade com que Lacan reconduz o significante à sua origem, à sua verdadeira origem, a idade despótica, e monta uma máquina infernal que solda o desejo à lei, porque refletindo bem, pensa ele, é certamente sob esta forma que o significante convém ao inconsciente e aí produz efeitos de significado" (DELEUZE, Gilles; GUATTARI, Félix. *O anti-Édipo. Op Cit.* p. 276).
40 Ibid., p. 276.
41 Ibid., p. 277.

Deleuze irá descrever esta passagem como o "paralogismo" da lei,[42] que "é a invenção do próprio déspota: ela é a forma jurídica tomada pela dívida infinita".[43] É este deslocamento que faz o sujeito depender das estruturas das leis transcendentes.

> E, com efeito, há algo de comum ao regime da lei, tal como aparece sob a formação imperial e tal como ele evoluirá mais tarde: a indiferença à designação. É próprio da lei significar sem designar coisa alguma. A lei não designa algo ou alguém (a concepção democrática da lei fará disso um critério). A relação complexa de designação, tal como a vimos elaborar-se no sistema de conotação primitiva, que punha em jogo a voz, o grafismo e o olho, desaparece aqui na nova relação de subordinação bárbara. (...) É a nova relação de significação, é a necessidade desta nova relação fundada na sobrecodificação, que remetem as designações ao arbitrário (ou, então, que as deixam subsistir nos tijolos mantidos do antigo sistema).[44]

Tal compreensão sobre a forma jurídica traz duas considerações iniciais: a) a Lei, portanto, depende de um sujeito transcendental, visto que o pressuposto de universalidade impõe a lei como sendo a mesma para todos; b) A lei passa a ser autônoma, a valer por si mesma e funda a si mesma, não tem outra fonte que não sua própria, quando a razão é prática, é a ideia de lei é pura. Neste sentido, Deleuze faz uma crítica à filosofia kantiana pois:

---

42 Para ser mais específico, neste ponto, refere-se ao quarto paralogismo da psicanálise que se desloca à categoria da lei/norma, tem-se, assim que: "(...) o quarto paralogismo, a que seria preciso denominar deslocamento. Porque pode acontecer que a lei proíba algo de perfeitamente fictício na ordem do desejo ou dos 'instintos', para persuadir seus sujeitos de que eles tinham a intenção correspondente a essa ficção. É justamente esta a única maneira que a lei tem de pegar fundo a intenção e de culpabilizar o inconsciente. Em suma, não nos encontramos em face de um sistema de dois termos em que da proibição formal se poderia concluir o que é realmente proibido" (DELEUZE, Gilles; GUATTARI, Félix. *O anti-Édipo. Op Cit.* p. 157).
43 Ibid., p. 281.
44 Ibid., p. 283.

> (...) O próprio Kant diz que a novidade do seu método é que nele a lei não depende mais do Bem: pelo contrário, o Bem depende da lei. Isso significa que a lei não tem mais que se fundar, não pode mais se fundar num princípio superior do qual tiraria o seu direito. Significa que a lei deve valer por si mesma e se fundar em si mesma, que ela não tem outra fonte senão sua própria forma. Só a partir daí pode-se, e deve-se, dizer A lei, sem nenhuma especificação, sem indicar outro objeto.[45]

Assim, o Estado e as Leis são essencialmente abstrações originárias que não podem se confundir com um começo (estrutura), como algo autônomo.[46] A Lei requer inscrição, articulação, o rastreamento ou a marcação de seus termos ao longo do tempo. "O essencial do Estado, portanto, é a criação de uma segunda inscrição pela qual o novo corpo pleno, imóvel, monumental, imutável, se apropria de todas as forças e agentes de produção".[47]

O ponto fundamental da leitura dos textos de Deleuze e Guattari é justamente a transgressão ou a resistência deste sistema de submissão e controle. Não se pode aceitar está ilusão que a-sujeita o indivíduo. Pouco importa se se trata de um abandono literal da mãe em face da ameaça paterna, ou a renúncia estrutural ao sistema de significação em face de uma queda no transtorno psicótico ou delirante. O que ocorre com a concepção moderna de lei e de desejo é uma crescente internalização de medo, do poder e do despotismo, e cada vez mais um distanciamento da lei como algo imanente. Só há saída com a desconstrução desta imagem de lei construída historicamente. Como expõem os autores, "aqui será preciso que a morte seja sentida de dentro, mas que venha de fora".[48]

---

45 DELEUZE, Gilles. *Sacher-Masoch*: o frio e o cruel. Tradução de Jorge Bastos. Rio de Janeiro: Ed. Zahar, 2009, p. 82-83.
46 DELEUZE, Gilles; GUATTARI, Félix. *O anti-Édipo. Op. Cit.* p. 263.
47 Ibid., p. 263.
48 Ibid., p. 284.

Apesar da complexa teoria, não é muito difícil verificar as consequências práticas do que Deleuze e Guattari descrevem. Verifica-se, por exemplo, tais "paralogismos da lei" nas formas em que o sujeito de direito moderno é capturado pela abstração do dispositivo jurídico, da própria regulamentação da vida. O sujeito que deseja sua autorregulação. O indivíduo tornou-se nada mais do que uma estrutura de sujeição. Ora, nas democracias contemporâneas, o sujeito apenas possui uma qualidade positiva diante de sua representação regulamentada. É preciso positivar, no sistema normativo, aquilo que é normal ou anormal, certo ou errado, justo ou injusto. Como se se positivar uma norma modificasse de fato a realidade social ou a própria singularidade do sujeito.

Já não se busca mais, através da criação de novas formas de vida, a liberdade do sujeito, mas, ao contrário, busca-se o assujeitamento pelo juspositivismo, a regulamentação das possibilidades de vida. O homossexual busca a norma que regulamente seu casamento, a luta feminista busca positivar direitos que equilibrem as relações sociais que tendem a ser patriarcais. Em contrapartida, em seu ideal, para uma ordem social harmônica, não são necessários novos dispositivos diferentes de regulamentação ou proibição para a intrusão dos conteúdos positivos da rede de circulação social das máquinas desejantes.

Também, importa salientar, que os direitos humanos marcam um ponto interessante neste discurso das democracias contemporâneas de forte subjetividade jurídica.[49] Tais direitos

---

[49] Ressalta-se, aqui, a áspera crítica feita por Deleuze aos Direitos Humanos "tenho vontade de dizer um monte de coisas feias. Isso tudo faz parte deste pensamento molenga daquele período pobre de que falamos. É puramente abstrato. O que quer dizer "Direitos Humanos"? É totalmente vazio (…) É conversa para intelectuais odiosos, intelectuais sem ideia. Notem que essas Declarações dos Direitos Humanos não são feitas pelas pessoas diretamente envolvidas (…) justiça não existe! Direitos Humanos não existem! O que importa é a jurisprudência. Esta é a invenção do direito. Aqueles que se contentam em lembrar e recitar os Direitos Humanos são uns débeis mentais! Trata-se de criar, não de se fazer aplicar os Direitos Humanos".

definem o "Eu" como um ser estritamente autônomo, autoconstituinte e livre da imposição de quaisquer normas positivas. Assim, originalmente definidos através das noções de não interferência, os direitos humanos tornaram-se fôrmas de manutenção das formas de vida, através de conteúdo normativo.

Deste modo, a ordem do direito como ele aparece na formação imperial, e como ele irá evoluir mais tarde, no capitalismo, de fato terá algo em comum: a indiferença à designação.[50] Se não há nenhuma lei que não seja a lei de autorregulação, a única verdade para a humanidade encontra-se em sua qualidade de autoformação, na criação de novas formas de sociabilidade.

Deste modo, Deleuze e Guattari criam um conceito positivo de desejo que fornece uma subversão radical do entendimento de constituição e institucionalização da lei. Eles postulam o desejo como uma potencialidade para a criação das próprias relações. Assim, somente haverá máquinas sociais, sistemas de direito ou de legalidade, em geral, por causa dessa potencialidade para recalcar as relações intersubjetivas. Pode-se dar a essa potencialidade uma série de nomes, incluindo o corpo sem órgãos, desejo, diferença em si, ou o virtual. Em todos os casos, o que Deleuze e Guattari vão rejeitar é a primazia do sistema relacional ou mesmo da historicidade em geral. Só pode haver diferenças de sistemas, ou das leis, se houver potencialidades virtuais para essas diferenças.

3.2. Deleuze e a crítica à forma jurídica

> *O servo não é de forma alguma a imagem invertida do senhor, nem sua réplica ou identidade contraditória: ele se constitui peça por peça, pedaço por pedaço, a partir da neutralização do senhor; ele adquire sua autonomia a partir da amputação do senhor.* (Gilles Deleuze, a propósito de Sade, de Carmelo Bene)

---

50   DELEUZE, Gilles; GUATTARI, Félix. *O anti-Édipo. Op Cit.* p. 283.

Como já exposto nesta obra, a filosofia deleuziana recusa, reiteradamente, a transcendência. Seu pensamento renuncia todas as formas de apelo ao Ideal ou a valores, em favor de uma imanência radical. Por conta de tal compreensão, Patton, expõe um problema crítico: "Se a filosofia política deleuziana recusa todo e qualquer recurso transcendente, como ele mantém a distância necessária para criticar o presente?".[51]

Para responder, o próprio autor, expõe que Deleuze apresenta conceitos da filosofia da imanência que permitem a criação de uma crítica ontológica radical do "tornar-se, ao contrário de ser". Assim, Deleuze e Guattari vão contrastar o plano de organização ou de realidade, em que os indivíduos se deparam com coisas reais, pessoas reais e estados de coisas, com o plano de imanência ou a virtualidade[52] em que os indivíduos encontram as máquinas abstratas, os eventos puros e devires de vários tipos.[53] Estes conceitos possibilitam o processo de transformação ou metamorfose das multiplicidades de um determinado acontecimento (puro) para aquilo que é captado e apreendido como realidade do mundo concreto. Isso se dá, como já exposto neste livro, através das sínteses do pensamento.

Assim, continua Patton, Deleuze e Guattari desenvolvem uma filosofia ontológica da diferença, que possui, ao menos, dois planos distintos. Os autores de *Capitalismo e esquizofrenia*, demonstram que cada acontecimento habita

---

51 PATTON, Paul. *Deleuze and democracy*. Contemporary Political Theory: 2005, v. 4, p. 400-413. Versão digital.

52 A invenção ou a produção dos conceitos remete à instauração de um "plano de imanência" que, podendo embora ser caracterizado como "pré-filosófico", não deixa de ser contemporâneo e indissociável dessa invenção e dessa produção. De alguma maneira e inesperadamente, a esfera do pré-filosófico se revela como pós-filosófica. O chão se abre sob nossos pés e experimentamos a vertigem do pensamento (DELEUZE, Gilles; GUATTARI, Félix. *O que é filosofia?* Tradução de Bento Prado Jr. e Alberto Alonso Munhoz. São Paulo: Editora 34, 2010).

53 PATTON, Paul. *Deleuze and democracy. Op. Cit.* p. 403.

simultaneamente tanto o mundo histórico de estados das coisas como, também, o mundo a-histórico do acontecimento puro.[54] Neste sentido: "o que a História capta do acontecimento é sua efetuação em estados de coisas ou no vivido, mas o acontecimento em seu devir, em sua consistência própria, em sua autoposição como conceito, escapa à História".[55] Isto, porque os planos de imanência e de organização se implicam mutualmente.

Deste modo, a tarefa da filosofia, de acordo com Deleuze e Guattari, é a criação de novos conceitos ou a modificação de conceitos antigos, daí deriva o surgimento das expressões como: máquinas abstratas, eventos puros e devires sobre o plano de imanência, visto que o devir é o próprio conceito, pois "nasce na História, e nela recai, mas não pertence a ela. Não tem em si mesmo nem início nem fim, mas somente um meio. Assim, é mais geográfico que histórico. Tais são as revoluções e as sociedades de amigos, sociedades de resistência, pois criar é resistir: puros devires, puros acontecimentos sobre um plano de imanência".[56]

Com efeito, uma vez que os conceitos que a filosofia cria devem expressar puros acontecimentos, depreende-se que a própria filosofia cria muitos dos conceitos e termos dos quais os indivíduos compreendem e submetem-se à história que se engendra em torno deles: o social, o contrato, a revolução em nome dos direitos do homem e do cidadão, a democracia, ou a ideia de uma sociedade bem-ordenada regido de acordo com uma ideia de justiça.[57] Deleuze e Guattari chamam de atualização ou efetuação o investimento dos conceitos num estado de coisas e, para designar o contrário, cunham a expressão filosófi-

---

54 Ibid., p. 403.
55 DELEUZE, Gilles; GUATTARI, Félix. *O que é filosofia?*. Op. Cit. p. 143.
56 Ibid., p. 143.
57 PATTON, Paul. *Deleuze and democracy*. Op. Cit. p. 404.

ca de "contraefetuação",⁵⁸ a liberação dos acontecimento puros destes processos históricos.⁵⁹ Contraefetuação pode envolver conceitos de processos de transformação, tais como "tornar-se-democrata", ou conceitos de processos de organização que servem como restrições sobre as formas de atualização desses processos ou acontecimentos virtuais, como o capitalista axiomático ou a sociedade de controle. De qualquer modo, o seu efeito é para restaurar a conexão do real para o virtual.⁶⁰

As sociedades normativas devem ser analisadas nestes termos, ou seja, tanto como um acontecimento puro e imanente, processo a-histórico está sempre em curso no presente, bem como algo que tem sido atualizado através do processos históricos. Assim, os conceitos filosóficos de justiça, lei, direito, entre outros são expressões que designam ao mesmo tempo um acontecimento puro e um processo histórico. A função crítica do conceito é assegurada pelo fato de que a expressão de um acontecimento puro, nunca se esgota em suas manifestações empíricas. A diferença entre o evento puro ou processo e suas formas históricas permite a crítica da forma jurídica presente no Estado de Direito.

Neste passo, Philippe Mengue⁶¹ argumenta que a preferência de Deleuze pela imanência sobre transcendência torna-o incapaz de sustentar a possibilidade da democracia ou um apoio

---

58 Esclarece Deleuze que "em todo acontecimento, há de fato o momento presente da efetuação, aquele em que o acontecimento se encarna em um estado de coisas, um indivíduo, uma pessoa, aquele que é designado quando se diz: pronto, chegou a hora; e o futuro e o passado do acontecimento só são julgados em função desse presente definitivo, do ponto de vista daquele que o encarna. Mas há, por outro lado, o futuro e o passado do acontecimento tomado em si mesmo, que esquiva todo presente porque está livre das limitações de um estado de coisas, sendo impessoal e pré-individual, neutro, nem geral nem particular, eventum tantum...; ou antes que não tem outro presente senão o do instante móvel que o representa, sempre desdobrado em passado-futuro, formando o que convém chamar de contra-efetuação".
59 DELEUZE, Gilles; GUATTARI, Félix. O que é filosofia?. Op. Cit. p. 204.
60 PATTON, Paul. Deleuze and democracy. Op. Cit. p. 405.
61 MENGUE, Philippe. Deleuze et la question de la démocratie. Paris: L'Harmattan, 2013.

a ideia de um Estado Constitucional de Direito. Assim, a crítica deve ser dirigida à própria forma jurídica e não ao conteúdo normativo, para tanto, o autor se baseia em uma série de observações críticas realizadas por Deleuze, como por exemplo, em conversa com Antoine Dulaure e Claire Parnet, quando reclama da resistência aos movimentos do pensamento contemporâneo e da política: "o pensamento anda mal é porque, sob nome de modernismo, há um retorno as abstrações, reencontra-se o problema das origens, tudo isso... A filosofia se volta aos eternos, à ideia do guardião dos valores".[62] E, ainda, completa Deleuze: "Hoje são os Direitos dos Homens que exercem essa função de valores eternos. É o Estado de Direito e outras noções, que, todos sabem, são muito abstratas".[63]

Neste passo, Mengue contextualiza de maneira estrita as críticas formuladas por Deleuze sobre os fenômenos históricos pela qual os direitos humanos são representados como "valores eternos", "novas formas de transcendência, novos universais". O argumento atribuído a Deleuze é que o Estado de Direito, assim como suas formas incipientes da constituição da ordem mundial tendem, cada vez mais, engendrar o conceito de direitos humanos como base para sua autolegitimação.[64;65] Assim, expõe o autor que:

---

62 DELEUZE, Gilles. *Conversações*. Tradução de Peter Pál Pelbart. São Paulo: Editora 34, 2010, p. 151.
63 Ibid., p. 152.
64 "Par la, il entend la fidelite, non a une patrie concue comme une nation, une ethnie homogene, mais une fidelite a des principes universels de type democratiques, et aux Droits de l'homme en particulier. Il pense que ce genre de fidelite peut suffire pour legitimer un pouvoir politique post-national, par exemple un pouvoir politique europeen commun. La beaute, tres kantienne, de sa conception a le tort, d'oublier le fait que l'autorite n'est jamais fondee sur la seule volonte, pure et eclairee par la seule raison pratique armee de ses grands principes moraux et juridiques. La realite de base du politique est que la legitimite du pouvoir est toujours en grande partie d'origine affective.» (MENGUE, Philippe. *D'etincelles en heurts locaux*: quelle politique aujourd'hui?. Disponível em: <http://www.artsrn.ualberta.ca/symposium/files/original/f2f593d4a473c98e70c65c633b361d97.PDF>. Acesso em: 12 ago. 2015).
65 Expõe, também, Mengue: "Car, il y a un lien indissociable qui est en train de se nouer entre cette transformation de notre rapport au temps (qu'est la postmodernité) et le « retour» de la démocratie, et des droits de l'homme, au plan politique et juridique, en même

Penser, dit Deleuze, c'est affronter le chaos. C'est a cet affrontement que les democraties postmodernes occidentales sont vouees et qui leur donne leur si grande dignite malgre toutes les imperfections et injustices qu'on aime tant a leur reprocher, sans s'apercevoir que par cette critique on ne fait qu'entretenir la beance qui les fonde et les legitime.[66]

Destaca-se, então, seguindo os argumentos do autor que "direitos" são apenas axiomáticas e podem coexistir com qualquer tipo de situação, assim como foi o caso da Alemanha nazista, da ditadura brasileira, entre outros, especialmente para assegurar a propriedade privada. Como critica Deleuze: "que social-democracia não dá a ordem de atirar quando a miséria sai de seu território ou gueto? Os direitos não salvam nem os homens, nem uma filosofia que se reterritorializa sobre o Estado democrático. Os direitos do homem não nos farão abençoar o capitalismo".[67]

A crítica é clara, nos termos de Mengue, a forma jurídica da nova ordem, busca se legitimar pelo discurso dos direitos humanos e, com isso, pressupõem um sujeito de direitos universal e abstrato, passível de subordinação a qualquer corpo normativo, inclusive de uma forma-Estado completamente desterritorializado, pois o direito se desvincula ao Estado Nação. O sujeito é, então, subordinado a figuras padronizadas de singularidades. Os direitos devem, assim, eternos, abstratos e transcendentes que subjulgam a todos e a ninguém ao mesmo tempo.

Assim, "os direitos" que constituem o novo conteúdo da forma jurídica – conjunto normativo da ordem capitalista globalizada –"não dizem nada sobre os modos de existência

---

temps que l'autonomisation de l'éthique. C'est une vue bien piètre et superficielle qui réduit la postmodernité à un éclectisme, à un simple «revivalisme» et au retour à tout ce qui a été cru. Cette réduction est l'idée réactive, vengeresse de ceux qui ne peuvent se consoler de la perte du schème historiciste, révolutionnaire, propre à la modernité." (MENGUE, Philippe. *Deleuze et la question de la democratie*. Paris: L'Harmattan, 2013, p. 16).
66   MENGUE, Philippe. *D'etincelles en heurts locaux*. Op. Cit. p. 272.
67   DELEUZE, Gilles; GUATTARI, Félix. *O que é filosofia?*. Op. Cit. p. 129.

imanentes do homem provido de direitos".[68] Por isso Deleuze evidencia a "vergonha" deste mundo em que só se experimenta "condições insignificantes, ante a baixeza e a vulgaridade da existência que impregnam as democracias, ante a propagação desses modos de existência e de pensamento - para o mercado, ante os valores, os ideais e as opiniões de nossa época".[69]

Para exemplificar a sua crítica sobre o vazio dos ditos direito humanos, Deleuze, em sua entrevista com Claire Parnet, *Abécédaire*, usa como referência a situação da população armênia submetida ao massacre turco e, em seguida, acometida por terremoto. Em primeiro lugar, para Deleuze, quando as pessoas fazem declarações sobre direitos humanos em tais situações, "estas declarações não são feitas pelas pessoas que estão diretamente envolvidas".[70] Neste caso, ele sugere que o povo armênio tem necessidades específicas no contexto desta determinada situação: "É uma questão de território. Não tem nada a ver com Direitos Humanos, e sim com organização de território".[71] Por fim ele expõe: "Este pensamento dos Direitos Humanos é filosoficamente nulo. A criação do direito não são os Direitos Humanos".[72] Em segundo lugar, argumenta ele que todas essas situações devem ser consideradas como casos isolados, em vez de simplesmente serem subsumidos às leis previamente existentes. Em outras palavras, a resposta judicial para tais casos deve ser propriamente criativa e não simplesmente um rol de aplicação das categorias já existentes.[73]

Desta feita, segundo a filosofia de Deleuze e Guattari é necessário pensar num modelo renovado que fuja da lógica

---

68 Ibid., p. 130.
69 Ibid., p. 130.
70 DELEUZE, Gilles. *O abecedário de Gilles Deleuze*. Disponível em: <http://stoa.usp.br/prodsubjeduc/files/262/1015/Abecedario+G.+Deleuze.pdf>. P. 38.
71 Ibid., p. 38.
72 Ibid., p. 40.
73 PATTON, Paul. *Op Cit.* p. 405.

(capturada) da forma jurídica. Será, em *Mil platôs*, que os autores irão descrever tal forma de ação política que estabelece, de maneira impositiva, uma relação entre a indecidibilidade constitutiva de todo momento histórico, da atualidade política, e as decisões revolucionárias que justamente por essa razão encontram lugar na vida social:

> Não é uma dispersão ou um esmigalhamento: reencontramos bem mais a oposição de um plano de consistência com o plano de organização e de desenvolvimento do capital, ou com o plano socialista burocrático. Um construtivismo, um "diagramatismo", opera em cada caso pela determinação das condições de problema e por liames transversais dos problemas entre si: ele se opõe tanto à automação dos axiomas capitalistas quanto à programação burocrática. Nesse sentido, o que chamamos "proposições indecidíveis" não é a incerteza das consequências que pertence necessariamente a todo sistema. É, ao contrário, a coexistência ou a inseparabilidade disso que o sistema conjuga e disso que não pára de lhe escapar segundo linhas de fuga elas mesmas conectáveis.[74]

Desse modo, a ação política radical deve ser realizada fora da luta política da forma-Estado e, principalmente, da forma jurídica, pois são dispositivos que estabelecem, justamente, a lógica própria capitalismo.

Como dito, Deleuze e Guattari, aparecem em um momento histórico importante para a teoria crítica e, em uma época em que houve grandes modificações e especulações sobre metodologia, paradigmas e questões teóricas. Em termos de leitura jurídica isso resultou numa análise altamente específica do pensamento francês do século XX. O direito não poderia mais ser considerado apenas como um conjunto de normas positivas, mas

---

74 DELEUZE, Gilles; GUATTARI, Félix. *Capitalismo e esquizofrenia*. Volume 5. *Op. Cit.* p. 156.

uma condição para as possibilidades da experiência em geral. É esta noção de direito como uma das condições que constitui a subjetividade jurídica e que é, também, anterior e transcendente aos indivíduos a-sujeitados.

Com isso, Deleuze vai buscar na Ontologia radical um certo estilo de luta política. O problema do Estado e do direito passam a ser então a instituição hierárquica de assujeitamento e assumem a própria lógica do capital. Deleuze, apoiando-se numa Ontologia Pura pode, então, repudiar as formas hierárquicas. Não há uma unidade superior ao Ser. É a imanência do mundo, anti-hierárquico. "No limite é uma espécie de Anarquia, uma anarquia dos Entes no Ser. É uma intuição básica da Ontologia: todos os seres valem. A pedra, o insensato, o racional, o animal, de um certo ponto de vista, do ponto de vista do ser, eles valem. Cada um é no tanto que é em si, e o Ser se diz em um só e mesmo sentido da pedra, do homem, do louco, do racional".[75]

Aqui a Ontologia também encontra o problema do Estado e da forma jurídica, mas sob uma perspectiva não hierárquica, não pode haver um "significante despótico" um "juízo de Deus". Ou seja, não se pode trocar a forma jurídica por outra, o Estado por outro, um partido por outro. Pois todos eles possuem a mesma lógica, sendo apenas mera representação das formas de repressão.

Assim, a partir de um amplo compromisso com o virtual e à imanência, Deleuze e Guattari, portanto, vão tornar a relação do pensamento com o que não é em si, de maneira muito mais positiva e criativa. Para tal empreitada se faz necessário livrar-se das categorias do negativo, contrárias à vida (a Lei, o limite, a castração, entre outros) que o pensamento por tanto tempo manteve sagrado enquanto forma de poder e manutenção da

---

[75] DELEUZE, Gilles. *Cursos de Gilles Deleuze sobre Spinoza*. Vincennes, 1978-1981. Seleção e introdução de Emanuel Angelo da Rocha Fragoso e Hélio Rebello Cardoso Jr. Tradução de Emanuel Angelo da Rocha Fragoso et al. Fortaleza: EdUECE, 2009, p. 27.

realidade. Suplantando tais categorias pelo múltiplo, pela diferença, pelos agenciamentos móveis.

Para tanto, Deleuze reitera o estilo de Kafka que cria corpos – animais, prisioneiros, artistas, insetos, máquinas – cujas interações são de prosseguir sem qualquer lei ou explicação mais abrangente.[76] Esta ausência de qualquer revelação ou transcendência, esta ausência de lei, é determinada pela afetação da literatura. Na leitura os sujeitos são privados de qualquer coisa que não seja a apresentação de encontros e interações.

---

76 BRAIDOTTI, Rose; COLEBROOK, Claire; HANAFIN, Patrick. *Deleuze and law*: forensic futures. Londres: Ed. Palgrave Macmillan, 2009, p. 14.

4
SUPERAÇÃO DA CRÍTICA FREUDO-MARXISTA PROPOSTA POR DELEUZE: RESISTÊNCIA E CRIAÇÃO

> *Como vocês a compreendem, entretanto, a resistência não é unicamente uma negação: é um processo de criação; criar e recriar, transformar a situação, participar ativamente do processo, isso é resistir. (...) Sim, é assim que eu definiria as coisas. Dizer não constituía forma mínima de resistência. Mas, naturalmente, em certos momentos este não se torna extremamente importante. É preciso dizer não e fazer deste não uma forma de resistência decisiva.* (Michel Foucault)

A partir de 1968, tanto os movimentos políticos quanto as singularidades passaram a operar em dois planos simultaneamente: o plano imposto pelas instituições constituídas, no qual tudo se passa como se houvesse um só mundo possível; e o plano escolhido pelos movimentos e pelas singularidades, que é o mundo da criação e da efetuação de uma multiplicidade de mundos possíveis. O poder constituído não pode reconhecer essa nova dinâmica, sob pena de implodir, de promover o esfacelamento de suas instituições; e os movimentos não podem retirar-se do processo de criação de seus mundos e ignorar o mundo da política institucional, sob pena de despotencialização.

Os movimentos de resistência não se desenvolvem segundo a lógica da contradição, mas da diferença. O que não significa ausência de conflito, de oposição, de luta, mas implica uma radical modificação da própria ideia de conflito ou de luta em dois planos assimétricos.

No primeiro plano, os movimentos políticos e as individualidades se constituem de acordo com a lógica da recusa, do ser contra, da divisão. Diante das políticas das instituições constituídas, os movimentos políticos praticam a resistência como recusa. À primeira vista, parecem reproduzir a separação entre "nós e eles", entre amigo e inimigo, característica da lógica do movimento operário ou da política *tout court*. Mas essa "negação", essa afirmação da negação, é feita de duas maneiras diferentes. Por um lado, é dirigido contra a política e exprime uma ruptura radical com as regras da representação, ou da operação de fragmentação no interior de um mesmo mundo. E, por outro lado, este "não" é a condição de necessidade de abertura a um devir, a uma bifurcação de mundos e à sua composição conflitual, embora não unificadora. O conflito no primeiro plano permite que se abra o segundo plano da luta. "A recusa é a condição da invenção de um estar junto que se desenvolve segundo as modalidades da cooperação entre cérebros que tentamos descrever. Aqui, no segundo plano, existe muito litígio, conflito, porque as forças se expressam sempre pelo ter, pela posse, pela apreensão, mas não existe inimigo".[1]

---
[1] LAZZARATO, Maurizio. *As revoluções do capitalismo*. Tradução de Leona Corsini. Rio de Janeiro: Ed. Civilização Brasileira, 2006, p. 204.

Ainda, neste primeiro plano, a residência se manifesta como fuga das instituições, da legalidade e das regras da política. As instituições, os partidos e os sindicatos são literalmente esvaziados de qualquer participação. Negação pura e simples, como a fórmula de Bartleby "I would prefer not to".

Contudo, como explica Lazzarato, há um segundo plano de resistência e luta em que as singularidades individuais e coletivas, que constituem o movimento que desenvolve uma dinâmica de subjetivação diferente, que é, ao mesmo tempo, afirmação da diferença e composição de um comum não totalizável, não universal.

> No primeiro plano, o "povo" já está lá, pronto para ser mobilizado, e no segundo, ele "falta", e faltará sempre, porque não pode jamais coincidir consigo mesmo (o feliz excedente caracteriza, segundo Bakhtin, a ação do "povo"). Uma comunidade de irmãos, de iguais, só se pode estabelecer no segundo plano, mas como conjunto de desejos que não se fundem jamais em um todo pacificado.[2]

Desta forma, há num primeiro plano a afirmação da negação e, num segundo, há a constituição (criação e atualização de mundos); práticas de subtração política no primeiro e estratégias de empoderamento de outros mundos possíveis. Os movimentos e as singularidades passam com certa facilidade de um plano a outro, ao passo que o poder constituído é obrigado a permanecer em um só plano segmentado, o da universalidade.

Nessa hipótese é que os movimentos políticos de Deleuze rompem radicalmente com a visão unificadora da política e da legalidade, que funciona, como explicou o autor, como pura repressão, bloqueio da potência, da multiplicidade, das singularidades. A dinâmica proposta é tornar imperceptível o comportamento dos movimentos e das singularidades, tornando-os

---

[2] Ibid., p. 205.

incompreensíveis para burocratas, sociólogos, psicólogos, entre outros, constatações que vêm sendo sistematicamente desmentidas pela emergência de lutas, de formas de resistência e de criação. Tal sistema de resistência é completamente divergente do que se hoje se pratica: legalização ou deslegalização, individualismo, concentração no privado.

Para tentar apreender melhor as modalidades de desenvolvimento das estratégias dos movimentos e das singularidades pós-modernas, Jacques Rancière, propõe uma concepção conflitual da democracia, uma democracia do dissenso. Ao "tumulto econômico da diferença que recebe indistintamente o nome de capital ou de democracia".[3] Nesta tese, o autor contrapõe a divisão como prática de todas as "categorias" que são "vítimas" da política, submetidas à "injustiça" da exclusão e da desigualdade. Ele define a política como encontro litigioso de dois processos heterogêneos.

Num primeiro processo, chamado polícia ou governo, "consiste em organizar o ajuntamento dos homens em comunidade, e seu consentimento baseia-se na distribuição hierárquica dos lugares e das funções".[4] O segundo processo é o da igualdade ou emancipação, que consiste no jogo das "práticas guiadas pela pressuposição da igualdade de todos em relação a qualquer um e pelo cuidado em verificá-la".[5] O encontro entre o processo igualitário e a polícia se faz através da "correção da injustiça", pois toda polícia, ao distribuir lugares e funções, comete injustiça contra o princípio da igualdade.

Deste modo, o processo de emancipação é sempre colocado em movimento em nome de uma prática na qual se recusa igualdade, identidade: proletariados, mulheres, negros etc. A emancipação é um processo de subjetivação que é, ao mesmo

---
3 RANCIÈRE, Jacques. *Nas margens do político*. Lisboa: Imago, 2014, p. 112.
4 Ibid., p. 115.
5 Ibid., p. 119.

tempo, processo nômade de "desidentificação", de produção de singularidades.

Lazzarato, explica que esta concepção de transformação subjetiva, trata-se, de certa maneira, de uma variação fiel à concepção mais revolucionária da política e da contradição em Marx: "a classe como dissolução de todas as classes".[6] A saber:

> A classe trabalhadora, ao mesmo tempo que se constitui contra a polícia que desrespeita o princípio da igualdade, trabalha igualmente pela própria destruição enquanto classe. Mas por que então o processo de desidentificação jamais chegou ao fim na tradição do movimento operário? Por que a classe, em vez de ser um operador de desclassificação, sempre funcionou como força de constituição de um todo unificador? Por que a classe sempre foi um operador identitário?[7]

Ocorre que os autores pós-modernos, mais especificamente Deleuze, Rancière e Lazzarato, evidenciam que o Marxismo clássico peca em definir a emancipação não como um fugir ou fazer fugir, ou na criação, mas afirmar-se como pertencente, no litígio, a um mundo comum. Não obstante, a política é a constituição de um "espaço comum", mas não se trata de um espaço de diálogo ou de busca de consenso: é o espaço da divisão. Ora, os movimentos e as individualidades pós-1968 constituíram-se como negação dessa política fundada na ideia de que só existe um único mundo. Recuperando a fórmula deleuziana: "O que os movimentos e as singularidades não desejam é a ideia de um só mundo".[8]

As lutas de gênero, em especial das mulheres, bastante citados por Guattari, são os que vão mais longe, tanto em termos práticos quanto teóricos, nessa estratégia de mão dupla, de dois planos. Primeiro, elas parecem seguir fielmente a trilha da

---
6 LAZZARATO. *Op. Cit.* p. 207.
7 Ibid., p. 208.
8 Ibid., p. 209.

questão da igualdade, ao começar pela pergunta: "Somos iguais aos homens?". Formular esta pergunta, e respondê-la com uma afirmativa, equivale a recusar, entrar em conflito com a polícia que define os lugares e as hierarquias de sexos e gêneros. Esta afirmação é, ao mesmo tempo, uma desclassificação da divisão em gêneros operada pela polícia. Ocorre que, aqui, há um erro recorrente em relação ao modelo de resistência deleuziana. Isso porque a desclassificação não pode ser feita no espaço clássico da política na medida em que esse espaço político não pode conter mais do que um único mundo. A constituição do sujeito político é uma "desidentificação" que não pode desenvolver-se a não ser como proliferação de mundos possíveis que escapem deste mundo "comum e partilhado" que está no fundamento da política ocidental. Para recolocar em xeque as designações identitárias, deve-se deixar de acreditar na ideia de que só há um mundo possível.

A intenção é desenvolver práticas de multiplicação de "identidades" que são, ao contrário, processos de subjetivação heterogêneos, de subjetivação em devir; trata-se de identidades nômades que se abrem a um devir múltiplo, a um devir-imperceptível, "uma atualização dos *'mil* sexos' *moleculares*, de *infinita monstruosidade* que a *alma humana* encobre: *lésbicas, transexuais, transgêneros, mulheres de cor, gays*".[9]

> Os Bárbaros migrantes estão efetivamente entre os dois: eles vão e vêm, passam e repassam as fronteiras, pilham ou espoliam, mas também se integram e se reterritorializam. Ora penetram no império, do qual atribuem-se tal segmento, fazem-se mercenários ou federados, fixam-se, ocupam terras, ou eles próprios delineiam Estados (os sábios Visigodos). Ora, ao contrário, passam para o lado dos nômades e a eles se associam, tornando-se indiscerníveis (os brilhantes Ostrogodos).[10]

---

9   LAZZARATO. *Op. Cit.* p. 210.
10 DELEUZE; GUATTARI. *Capitalismo e esquizofrenia*. Volume 1. *Op. Cit.* p. 95.

Desse ponto de vista, a política consiste em pôr à prova, em fazer experimentação, retomando o vocabulário do pragmatismo. A política não é apenas a mobilização da necessidade de estar contra, como também não é somente definição de "constantes" e de "invariantes" de estar junto. Tanto a necessidade de engajamento quanto a ação em prol da igualdade devem subordinar-se a uma política do acontecimento, a uma política do devir, a uma política concebida como experimentação.

O devir é uma questão de virtualidade e de acontecimentos, mas também de dispositivos, de técnicas, de enunciados, ou seja, de uma multiplicidade de elementos que constituem um agenciamento, ao mesmo tempo pragmático e experimental. Um agenciamento "molecular" da multiplicidade que não passa nem pelo "molar" da classe e suas formas de organização nem pelas segmentações binárias da heterossexualidade.

A alternativa não é, portanto, entre universalismo e comunitarismo, mas entre duas formas diferentes de compreender e praticar o "para todos". O Estado, os partidos, os sindicatos, as indústrias culturais e da comunicação, as instituições estatais pensam os direitos para todos, o acesso de todos (à educação, à renda, à cultura, à comunicação) como dispositivos de atribuição de identidades e, portanto, objetivamente totalitários ("você tem direito a isto, porque você é aquilo"): construem-se modelos majoritários. E, dessa maneira, tais dispositivos acabam reproduzindo e mantendo sistematicamente a dialética integração/exclusão: em relação a uma maioria, só podemos nos integrar ou sermos excluídos.

A outra forma de compreender e praticar o "para todos" emerge nas lutas contemporâneas, no interior dos movimentos das mulheres, de certos componentes da mobilização contra a globalização liberal. A reivindicação de direitos para todos não parte da definição de uma identidade, mas da dissolução das identidades nos agenciamentos moleculares da multiplicidade. Não se trata de dizer "nós temos direito a isto porque somos aquilo", mas sim "nós temos direitos a isto para nos tornarmos uma outra coisa". As novas lutas criam, deste modo, dispositivos, práticas, instituições que organizam a transversalidade entre o molecular e o molar e pretendem criar desvios, fazendo recortes no molar, a partir do molecular.

A transformação, o devir e a mutação acontecem ao se instalarem "entre" esses dois níveis, ao cruzarem e tornarem a cruzar as fronteiras, como os bárbaros fizeram na queda do Império Romano, traçando uma linha que impede o molar de se fechar sobre modelos majoritários, e fazendo do molecular a fonte do processo de criação e de subjetivação. As lutas atravessam diferentes planos, mas a partir da construção de uma tensão entre o macro e o micro, entre o molar e o molecular, que, ao serem convocados, ao serem construídos como problema, criam as condições de transformação e de experimentação das relações de poder que os constituem.

REFERÊNCIAS

AGAMBEN, Giorgio. *O que resta de Auschwitz (Homo Sacer III)*. Tradução de Jeanne Marie Gagnebin. São Paulo: Boitempo, 2008.
_____. *Homo Sacer*: O poder soberano e a vida nua. Tradução de Henrique Burigo. Belo Horizonte: UFMG, 2007.
AGOSTINHO, Larissa Drigo. *Por uma anarquia coroada*: ontologia e política em Deleuze e Guattari. Poiesis: Revista de Filosofia, v. 13, n. 1, 2016, p. 80-98.
AGUIRRE, Javier. *De una crítica Deleuziana de los derechos humanos hacia una jurisprudencia Deleuziana de derechos humanos*. Nova Iorque: University of New York, 2010.
ALLIEZ, Eric (Org.). *Gilles Deleuze*: uma vida filosófica. São Paulo: Editora 34, 2000.
ALLEN, Amy (Org.). *Democracy in what state?* Nova Iorque: Columbia University Press, 2011.
ALTHUSSER, Louis. *Aparelhos ideológicos do estado*. Tradução de Walter José Evangelista e Maria Laura Viveiros de Castro. Rio de Janeiro: Ed. Graal Ltda., 1992.
ANTUNES, Jair. *Marx e o último Engels*: o modo de produção asiático e a origem do etapismo na teoria da história marxista. Disponível em: <http://www.unicamp.br/cemarx/anais_v_coloquio_arquivos/arquivos/comunicacoes/gt1/sessao3/Jair_Antunes.pdf>. Acesso em: 26 set. 2015.

ARNOLDI, Jakob. *Derivatives*: virtual values and real risks theory. Culture & society, 2004.
ARVIDSSON, Stefan. *The indo-european mythology as science and ideology*. Chicago: University of Chicago Press, 2006.
BADIOU, Alain. *Deleuze*: o clamor do ser. Rio de Janeiro: Jorge Zahar, 1997.
BAREMBLITT, Gregório. *Introdução à esquizoanálise*. 2. ed. Belo Horizonte: Biblioteca Instituto Félix Guattari, 2003.
BARRETO, Martônio; BELLO, Enzo (Orgs.). *Direito e Marxismo*. Rio de Janeiro: Lumen Iuris, 2010.
BERGSON, H. *Matéria e memória:* ensaio sobre a relação do corpo com o espírito. 2. ed. São Paulo: Martins Fontes, 1999.
BERNARDI, G.; CARENA, M.; JUNK, T. *Higgs Bosons*: theory and searches. Reviews of Particle Data Group: Hypothetical particles and Concepts, 2007. Disponível em: <http://pdg.lbl.gov/2008/reviews/higgs_s055.pdf>. Acesso em: 11 out. 2015.
BIDET, Jacques; KOUVELAKIS, Eustache (Orgs.). *Dictionnaire Marx Contemporain*. Paris: Presses Universitaires de France, 2001.
BUTLER, Judith. *Subjects of desire*: hegelian reflections in twentieth-century France. Nova Iorque: Cambridge Press, 1987.
BRAIDOTTI, Rose; COLEBROOK, Claire; HANAFIN, Patrick. *Deleuze and law*: forensic futures. Londres: Palgrave Macmillan, 2009.
CALDAS, Camilo Onoda. *A teoria da derivação do estado e do direito*. São Paulo: Outras Expressões, 2015.
CLASTRES, Pierre. *A sociedade contra o estado*. São Paulo: Cosac Naify, 2012.
CORRÊA, M. D. C. *Deleuze, a lei e a literatura*. Prisma Jurídico, São Paulo, v. 10, n. 2, p. 471-487, jul./dez. 2011.
DELANDA, M. *A thousand years of nonlinear history*. 4. ed. Nova Iorque: Ed. Swerv, 1997.

DELANDA, M. *Intensive science and virtual philosophy*. 2. ed. Londres: Continuum, 2004.
DELEUZE, Gilles. *A dobra*: Leibniz e o barroco. Tradução de Luiz B. L. Orlandi. Campinas, São Paulo: Papirus, 1991.
_____. *A filosofia crítica de Kant*. Tradução de Germiniano Franco. Lisboa: Editora 70, 2009.
_____. *A ilha deserta e outros textos*. Luiz B. L. Orlandi (Org.). São Paulo: Iluminuras, 2005.
_____. *Bergsonismo*. Tradução de Luiz B. L. Orlandi. São Paulo: Editora 34, 2008.
_____. *Conversações*. Tradução de Peter Pál Pelbart. São Paulo: Editora 34, 2008.
_____. *Curso sobre Spinoza (Vincennes 1978-1981)*. Tradução de Emanuel Angelo da Rocha Fragoso e Hélio Rebello Cardoso Junior. Ceará: Ed. UECE.
_____. *Diferença e repetição*. Tradução de Luiz Orlando e Roberto Machado. Lisboa: Relógio d'Água, 2000. Versão digital.
_____. *Dois regimes de loucos: textos e entrevistas (1975-1995)*. Tradução de Guilherme Ivo. São Paulo: Editora 34, 2016.
_____. *Empirismo e subjetividade*. Tradução de Luiz B. L. Orlandi. São Paulo: Editora 34, 2001.
_____. *Espinosa*: filosofia prática. Tradução de Daniel Lins e Fabien Pascal Lins. São Paulo: Escuta, 2002.
_____. *Nietzsche e a filosofia*. Porto: Rés editorial, 2001.
_____. *O abecedário de Gilles Deleuze*. Disponível em: <http://stoa.usp.br/prodsubjeduc/files/262/1015/Abecedario+G.+Deleuze.pdf>. Acesso em: 30 mar. 2015.
DELEUZE, Gilles; GUATTARI, Félix. *Mil platôs*: capitalismo e esquizofrenia. Volume 1. Tradução de Aurélio Guerra Neto, Ana Lúcia de Oliveira e Célia Pinto Costa. São Paulo: Editora 34, 2012.
_____. *Mil platôs*: capitalismo e esquizofrenia. Volume 2. Tradução de Aurélio Guerra Neto e Ana Lúcia de Oliveira. São Paulo: Editora 34, 2012.

DELEUZE, Gilles; GUATTARI, Félix. *Mil platôs*: capitalismo e esquizofrenia. Volume 3. Tradução de Aurélio Guerra Neto, Ana Lúcia de Oliveira, Lúcia Cláudia Leão e Suely Rolnik. São Paulo: Editora 34, 2012.

_____. *Mil platôs*: capitalismo e esquizofrenia. Volume 4. Tradução de Suely Rolnik. São Paulo: Editora 34, 2012.

_____. *Mil platôs*: capitalismo e esquizofrenia. Volume 5. Tradução de Peter Pál Pelbart e Janice Caiafa. São Paulo: Editora 34, 2012.

_____. *O anti-Édipo*. Tradução de Luis B. L. Orlandi. São Paulo: Editora 34, 2010.

_____. *O que é filosofia?* Tradução de Bento Prado Júnior e Alonso Munhoz. São Paulo: Editora 34, 2010.

DERRIDA, Jaques. *Força de lei*. Tradução de Leyla Perrone-Moisés. São Paulo: Martins Fontes, 2010.

DOSSE, François. *Os engajamentos políticos de Gilles Deleuze*. Revista História: Questões & Debates. Curitiba, n. 53, p. 151-170, jul./ dez. Ed. UFPR, 2010, p. 158.

DUARTE, André Macedo; LERNER, Rosemary; QUIJANO, Antonio (Ed.). *Phenomenology 2010*. Volume 2: Selected Essays from Latin America: Traversing. Paris: Zeta Books, 2010. Versão digital.

ESCOBAR, Carlos Henrique (Org.). *Dossier Deleuze*. Rio de Janeiro: Editora Hólon, 1991.

FOUCAULT, Michel. *Microfísica do poder*. Rio de Janeiro: Graal, 1979.

_____. *Vigiar e punir*. Rio de Janeiro: Graal, 1984.

_____. *Os anormais*. São Paulo: Martins Fontes, 2001.

FURTADO, Rafael Nogueira; CAMILO, Juliana Aparecida de Oliveira. *O conceito de biopoder no pensamento de Michel Foucault*. Revista Subjetividades, Fortaleza, 16 (3): 34-44, dezembro, 2016.

GALLINA, Simone F. da Silva. *Deleuze e Hume*: experimentação e pensar. Revista Philósophos, jan/jun, 2007.

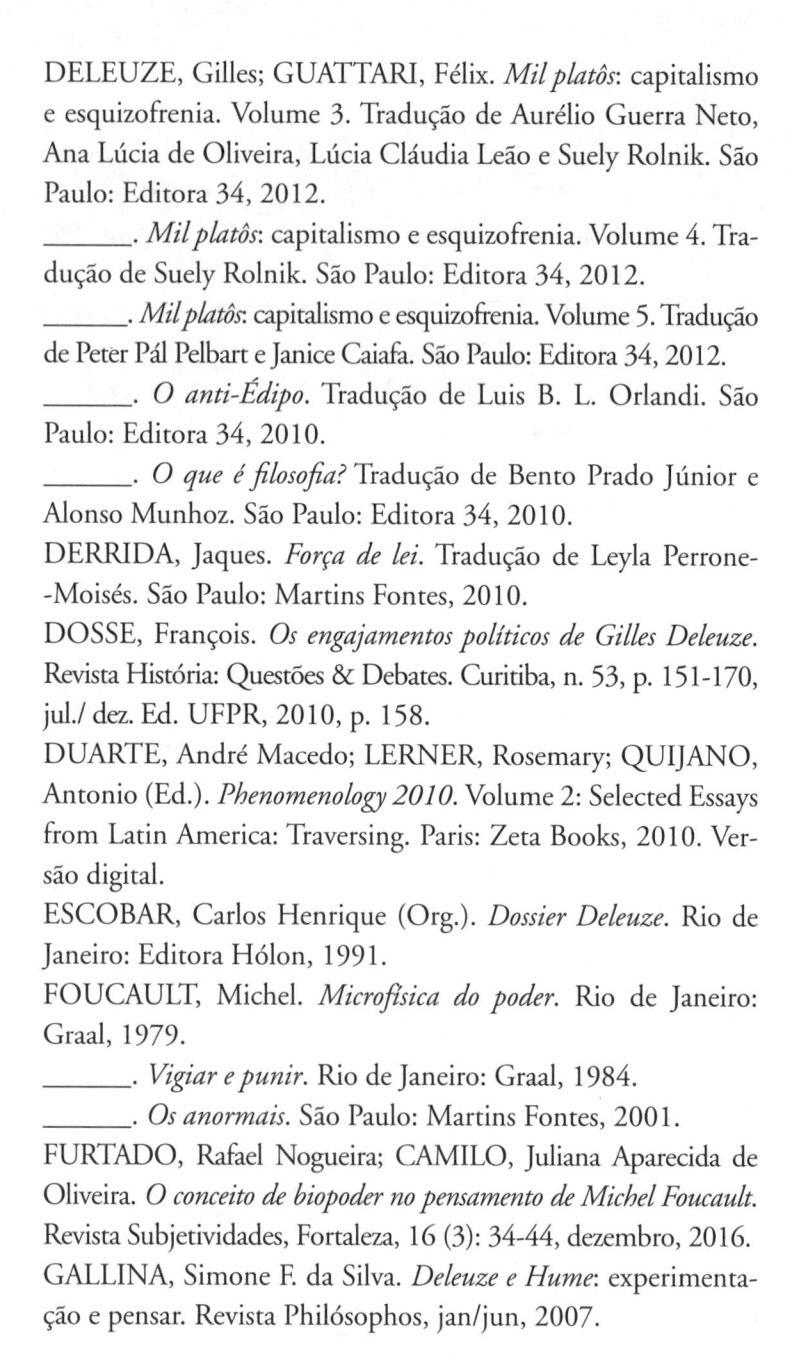

GARO, Isabelle. *Foucault, Deleuze, Althusser & Marx : la politique dans la philosophie*. Paris: Ed. Demopolis, 2011.

GLEISER, Marcelo. *Encontrado o bóson de higgs*. Disponível em: <http://disciplinas.stoa.usp.br/pluginfile.php/34362/mod_resource/content/2/Encontrado%20o%20b%C3%B3son%20de%20Higgs.pdf>. Acesso em: 12 out. 2015.

GUALANDI, Alberto. *Deleuze*. Tradução de Daniel Ortiz Blanchard. São Paulo: Ed. Estação Liberdade, 2003.

GUATTARI, Félix. *Revolução molecular*: pulsações políticas do desejo. São Paulo: Ed. Brasiliense, 1985.

GUATTARI, Félix; ROLNIK, Suely. *Micropolítica*: cartografias do desejo. Petrópolis: Vozes, 1996.

GUIMARAENS, Francisco de. *Direito, ética e política em Spinoza*: uma cartografia da imanência. 2. ed. Rio de Janeiro: Lumen Iuris, 2011.

HARDT, Michael. *Gilles Deleuze*: um aprendizado em filosofia. Tradução de Sueli Cavendish. São Paulo: Editora 34, 1997.

KANT, Immanuel Kant. *Crítica da razão pura*. Tradução de Manuela Pinto Dos Santos e Alexandre Fradique Morujão. Lisboa: Ed. Fundação Calouste Gulbenkian, 5. ed., 2001.

KAFKA, Franz. *O Processo*. Tradução de Manoel Paulo Ferreira. São Paulo: Círculo do Livro, s.d.

Lajoujade. David. *Deleuze*: *les mouvements aberrants*. Paris: Éditions du minuit, 2014.

LAZZARATO, Maurizio. *As revoluções do capitalismo*. Tradução de Leona Corsini. Rio de Janeiro: Ed. Civilização Brasileira, 2006.

LEFEBVRE, Alexandre. *The image of law*: Deleuze, Bergson, Spinoza. Stanford: Stanford University Press, 2008.

LÉVY, Pierre. *O que é o virtual*. São Paulo: Editora 34, 1996.

MACHADO, Roberto. *Deleuze, a arte e a filosofia*. Rio de Janeiro: Jorge Zahar, 2009.

MACHADO, Roberto. *A geografia do pensamento filosófico.* Disponível em: <http://deleuze.tausendplateaus.de/wp-content/uploads/2014/10/A-geografia-do-pensamento-filos%C3%B3fico-Artigo-de-Roberto-Machado.pdf>. Acesso em: 02 fev. 2015.

MARX, Karl. *O capital*: crítica da economia política. Tradução de Reginaldo Sant'Anna. 28. ed. Rio de Janeiro: Civilização Brasileira, 2011.

_____. *Manuscritos econômico-filosóficos.* Tradução de Jesus Ranieri. São Paulo: Boitempo, 2010.

MARX, Karl; ENGELS, Friedrich. *Manifesto do partido comunista*: texto integral. 2. ed. São Paulo: Martin Claret, 2008.

MASCARO, Alysson Leandro Barbate. *Estado e forma política.* São Paulo: Boitempo, 2013.

_____. *Filosofia do direito.* São Paulo: Atlas, 2013.

_____. *Introdução ao estudo do direito.* São Paulo: Atlas, 2013.

MENGUE, Philippe. *Deleuze et la question de la démocratie.* Paris: L'Harmattan, 2013.

MOULARD-LEONARD, Valentine. *Bergson-Deleuze encounters: transcendental experience and the thought of the virtual.* Nova Iorque: State University of New York Press, 2008.

NAVES, Márcio Bilharinho. *Marxismo e direito*: um estudo sobre Pachukanis. São Paulo: Boitempo, 2008.

NEGRI, Antonio. *A anomalia selvagem.* Tradução de Raquel Ramalhete. Rio de Janeiro: Editora 34, 1993.

_____. *De volta*: abecedário biopolítico. Tradução de Clóvis Marques. São Paulo: Record, 2006.

_____. *Poder constituinte*: ensaio sobre as alternativas da modernidade. Tradução de Adriano Pilatti. Rio de Janeiro: DP&A, 2002.

NEGRI, Antonio; HARDT, Michael. *Império.* Tradução de Berilo Vargas. 8. ed. Rio de Janeiro: Record, 2005.

NIETZSCHE, Friedrich. *Além do bem e do mal.* Tradução de Renato Zwick. São Paulo: L&PM, 2008.

NIETZSCHE, Friedrich. *O Crepúsculo dos ídolos*. Tradução Edson Bini e Márcio Pugliese. São Paulo: Hemus S., 2001.

PACHUKANIS, Eugênio. *A teoria geral do direito e o marxismo*. Tradução de Paulo Bessa. Rio de Janeiro: Renovar, 1989.

PATTON, Paul. *Deleuze and the political*. Londres/Nova Iorque: Routledge, 2000.

_____. 'Immanence, transcendence and the creation of rights' in *Deleuze and law*. Reino Unido: Edinburgh University Press, 2011.

PEARSON, Keith. *Philosophy and the adventure of the virtual*. Nova Iorque: Routledge, 2002.

PONCZEK, Robert Leon. *Deus ou seja a natureza*: Spinoza e os novos paradigmas da Física. Salvador: EDUFBA, 2009.

RANCIÈRE, Jacques. *Nas margens do político*. Lisboa: Imago, 2014.

RIECH, Wilhelm. *Psicologia de massas do fasciscmo*. Tradução Maria da Graça M. Macedo. 2. ed. São Paulo: Martins Fontes, 1988.

RODRIGUES, Juliana Martins; JUNIOR, Carlos Augusto Peixoto. *Para desarticular os estratos dominantes do organismo, da significância e da subjetivação*. Revista Psicol. Argum. 2011 jul./set., v. 29, p. 285-293.

ROLNIK, Suely. *Ninguém é deleuziano*. Disponível em: <http://www.pucsp.br/nucleodesubjetividade/Textos/SUELY/ninguem.pdf>. Acesso em: 08 mar. 2015.

SAFATLE, Vladimir. *Cinismo e falência da crítica*. São Paulo: Boitempo, 2008. Versão digital.

_____. *Curso de introdução à experiência intelectual de Gilles Deleuze*. São Paulo: Departamento de Filosofia da Universidade de São Paulo, 2012.

_____. *Deleuze e Guattari: Gênese e Estrutura do projeto "Capitalismo e Esquizofrenia"*. Curso Teoria Das Ciências Humanas

III. São Paulo: Faculdade De Filosofia, Letras e Ciências Humanas. 2º Sem. de 2015.
SAUDERS, David. *Cases against transcendence*: Gilles Deleuze and Bruno Latour in defense of law. In: Deleuze and Law. Reino Unido: Edinburgh University Press.
SIBERTIN-BLANC, Guillaume. *Politique et état chez deleuze et Guattari*. Paris: Presses Universitaires de France, 2012.
SPINOZA, Benedictus de. *Ética*. Tradução de Tomaz Tadeu. Belo Horizonte: Autêntica, 2009.
STIVALE, Charles T. (Org.). *Deleuze*: key concepts. Montreal: McGill/Queen Press, 2005.
SUTTER, Laurent de. *Deleuze*: la pratique du droit. Paris: Éditions Michalon, 2009.
THOBURN, Nicholas. *Deleuze, Marx and politics*. Londres: Routledge, 2003.
ZIZEK, Slavoj. *Organs without bodies*. Nova Iorque: Routledge, 2012.
ZOURABICHVILI, François. *Vocabulário Deleuze*. Tradução de André Teles. Rio de Janeiro: Ed. Unicamp, 2004.

Esta obra foi composta em CTcP
Capa: Supremo 250g – Miolo: Pólen Soft 80g
Impressão e acabamento
Gráfica e Editora Santuário